Mães que trabalham fora, cuidado com a culpa

CONFORME ACORDO ORTOGRÁFICO DA LÍNGUA PORTUGUESA (AOLP)

Dados Internacionais de Catalogação na Publicação (CIP)
(Câmara Brasileira do Livro, SP, Brasil)

Rosas, María
Mães que trabalham fora, cuidado com a culpa/
María Rosas; tradução All Tasks. -- São Paulo: Cengage Learning, 2009. -- (Coleção aprender para crescer)
Título original: Mamás que trabajan, cuidado con la culpa.

Bibliografia
ISBN 978-85-221-0748-3

1. Culpa 2. Família de casais trabalhadores
3. Mães como trabalhadoras 4. Mães e filhos
5. Maternidade 6. Trabalho e família I. Título.

09-02542 CDD-306.87

Índices para catálogo sistemático:

1. Mães como trabalhadoras: Relações familiares: Sociologia 306.87

Mães que trabalham fora, cuidado com a culpa

María Rosas

Tradução
All Tasks

CENGAGE Learning™

Austrália • Brasil • Japão • Coreia • México • Cingapura • Espanha • Reino Unido • Estados Unidos

CENGAGE Learning™

Mães que trabalham fora, cuidado com a culpa
María Rosas

Gerente Editorial:
Patricia La Rosa

Editora de Desenvolvimento:
Fernanda Batista dos Santos

Supervisora de Produção Editorial:
Fabiana Alencar Albuquerque

Produtora Editorial:
Gisela Carnicelli

Título Original: Mamás que trabajan, cuidado con la culpa
(ISBN-13: 978-970-830-070-4;
ISBN-10: 970-830-070-5)

Tradução:
All Tasks

Copidesque:
Arte da Palavra

Revisão:
Maria Vitoria Lima
Raquel Maygton Vicentini

Diagramação:
Alfredo Carracedo Castillo

Capa:
Souto Crescimento de Marca

Impressão e acabamento:
Gráfica Ave-Maria

Para informações sobre nossos produtos, entre em contato pelo telefone
0800 11 19 39
Para permissão de uso de material desta obra, envie seu pedido para
direitosautorais@cengage.com

ISBN-13: 978-85-221-0748-3
ISBN-10: 85-221-0748-3

Cengage Learning
Condomínio E-Business Park
Rua Werner Siemens, 111 – Prédio 20
Espaço 03 – Lapa de Baixo
CEP 05069-900 – São Paulo – SP
Tel.: (11) 3665-9900 – Fax: (11) 3665-9901
SAC: 0800 11 19 39

Para suas soluções de curso e aprendizado, visite www.cengage.com.br

Impresso no Brasil.
Printed in Brazil.
1 2 3 4 5 6 7 13 12 11 10

Dedicatória

Este livro é dedicado a todas as mulheres que trabalham fora de casa e dividem seu dia entre o trânsito, as tarefas de seus filhos, as jornadas intensas de trabalho e que, ao chegarem em casa, apesar de todo corre-corre, ainda presenteiam todos com um sorriso. Por serem as primeiras a se levantar e as últimas a ir dormir, meus mais sinceros aplausos.

Mães que trabalham fora, cuidado com a culpa *é dedicado também às mulheres que querem e podem se entregar de corpo e alma ao cuidado de seus filhos, que mantêm a roupa deles em perfeitas condições e suas casas impecáveis. Esses não são trabalhos simples nem insignificantes.*

Sumário

Apresentação da coleção Aprender para Crescer

Lembro-me perfeitamente de quando resolvi passar para o papel tudo o que sabia, ou pensava saber, sobre a formação e a educação dos filhos. Os meus, para começar, como início exploratório, sem dúvida constituiriam uma base exemplar. E por que não, se eu lidava diariamente com as essências mais puras referentes aos temas que preocupam a maioria dos pais, se eu havia vivido e continuava a experimentar em todo seu esplendor e dor os matizes da maternidade, se reconhecia na imagem que o espelho revela uma mulher dedicada à superação e à felicidade de seus filhos? Não estava totalmente errada, porém, ao suspirar sobre o respaldo de minha cadeira cúmplice e depois de meses sem esticar as pernas, compreendi que os filhos da minha narrativa haviam criado um tecido indestrutível entre meus sentimentos e minha realidade como mãe. Foi ao ler, perguntar, acomodar, suprimir e reconhecer que alcancei a imensidão do entendimento: são os filhos que nos carregam de energia para levá-los e trazê-los; são os filhos que projetam metas pessoais ao descobrir o mundo por meio dos nossos passos; são eles que nos abraçam nas noites mais confusas e solitárias; são nossos filhos que traçam, com invejável precisão, a bússola da união familiar. É claro que, como pais, nós nos graduamos com eles, mas também é verdade que o manual de convivência, desenvolvimento e harmonia é redigido em conjunto com os filhos, como um núcleo. Por isso compartilho esta coleção, *Aprender para Crescer*, com todos os pais que dividem seus horários entre visitas ao pediatra e partidas de futebol e também a todas as mães que compreendem os carinhos e laços invisíveis – inclusive os da alma. Este compêndio de experiências, testemunhos, confissões e recomendações enaltece as vozes dos especialistas, orientadores, professores, mães e pais que provêm curiosamente de diversos caminhos, mas, porque traçam a vida assim, estão entre cruzes e sob pontes para tomarem fôlego e estenderem a mão. Que este seja o propósito de nossa paternidade: segurar com disciplina, amor, diversão, cautela e liberdade as mãos de nossos filhos e permitir que continuem caminhando para serem não apenas os melhores exemplos, mas também sólidos e eternos encontros.

Mães que trabalham fora, cuidado com a culpa projeta as vozes, vivências, tropeços e complicações das mulheres modernas, que decidiram correr atrás de seu sonho de ser profissionais autônomas, deixando de ser apenas um cômodo serviço de lavanderia familiar. Mulheres corajosas que devem apoiar a economia da casa sem a ajuda externa e sem renunciar ao seu trabalho mais importante: ser mães.

Introdução

Nada é mais difícil para as mulheres de hoje que combinar a vida profissional com a árdua tarefa de criar e educar filhos. Nós as vemos correr de um lado para outro durante todo o dia. Vão da escola ao trabalho, dali para o supermercado; na volta, buscam as crianças e, em seguida, vão para casa comer e revisar tarefas; depois vão à lavanderia, voltam ao trabalho e se apressam para chegar cedo em casa para preparar o banho, uniformes, mochilas... Ah! E alimentar os animais de estimação.

Assim, vão passando os dias, as semanas e a infância de nossos filhos. Mas perguntamo-nos: o que acontece conosco, mães que trabalhamos fora de casa e passamos a vida com certa sensação de culpa, especialmente quando os demais nos julgam e afirmam que estamos abandonando nossas crianças em nome da liberação feminina?

O que eles sabem de nossas necessidades? O que eles sabem sobre o que queremos? Não têm a mais remota ideia de tudo o que temos de fazer para trabalhar, cuidar de nossos filhos, nossos maridos e de nossa casa ao mesmo tempo.

Se alguns ignoravam, o velho conceito de família no estilo do conto *Ricitos de oro* (*Goldilocks e A Lenda da Floresta*) evaporou e desapareceu. Hoje está surgindo um novo conceito, que é caracterizado pela redistribuição de papéis; nele, além de cuidar dos filhos, a mãe trabalha e tem vida própria. Por sua vez, o pai pode demonstrar em público o afeto que sente por seus pequenos sem temer as críticas; pode cuidar deles, dar-lhes de comer e já não se dedicar exclusivamente a sustentar o lar. As crianças tampouco são educadas à moda antiga; ao contrário, são ensinadas a ser responsáveis, independentes e cooperativas. Também são ensinadas a respeitar os momentos em que a mãe não está à sua inteira disposição.

Neste livro foram escritos os testemunhos de dezenas de mulheres que trabalham fora de casa. Algumas sofrem por fazê-lo, outras já se adaptaram e, melhor ainda, aceitaram. Ao mesmo tempo reconhecem que não são capazes de continuar brincando como meninas superpoderosas.

Além disso, o livro aborda um assunto do qual se fala muito pouco: os sentimentos do pai. O que os pais sentem? Como encaram sua situação perante as mudanças que a estrutura familiar sofreu e o novo papel das mulheres na economia doméstica?

1

Algumas mudanças na família

Há muito tempo, quando as mulheres se dedicavam somente a cuidar dos filhos, limpar a casa e cuidar do marido, todos – ainda que só aparentemente – viviam em paz. Assim as mulheres passavam sua vida, girando sempre em torno de sua família; viviam por seus filhos e para eles e sempre estavam disponíveis para o marido.

Venho de uma família pouco convencional, sobretudo do lado materno. As irmãs de minha mãe foram à universidade, viajaram e fizeram mestrado e doutorado no exterior. Minha mãe, não. Abandonou sua carreira politécnica, casou-se muito jovem e teve oito filhos, para os quais se dedicou de corpo e alma. Divorciou-se de meu pai depois de 27 anos de casamento e percebeu que, apesar de jovem – tinha menos de 50 anos quando se separou –, não tinha condições financeiras para se sustentar.

Isso não foi surpresa para ninguém, já que as mulheres eram educadas desta forma: casavam, tinham os filhos e os maridos responsabilizavam-se por elas, pelos filhos e pelo futuro delas.

Sendo assim, a surpresa não foi minha mãe, mas sim suas irmãs, que não se apegaram ao modelo antigo.

Meu pai e seus 11 irmãos ficaram órfãos muito pequenos. Viviam separados no norte do México, de modo que nunca houve muito apego entre eles. Meu pai teve que construir seu próprio conceito familiar. E assim o fez, embora muito orientado pelos padrões tradicionais do estereótipo da família mexicana. "O homem é o provedor da família, manda na casa, é a autoridade suprema e as mulheres devem estudar, mas sem grandes aspirações, pois nasceram para casar e ter filhos."

Lembro-me do dia em que eu lhe disse que ia fazer mestrado. Sua resposta foi: "Mestrado? O que você tem de fazer é procurar um marido".

Essa tradição, na qual as mulheres devem ficar em casa, foi mantida em certos estratos sociais porque as condições econômicas do país o permitiam: não eram necessários dois salários para viver dignamente, as crianças não precisavam de aulas extraescolares de nenhum tipo – e elas sequer existiam –, eram educadas com uma palmada nas nádegas ou um grito e não havia terapias emocionais, de leitura, escrita, psicomotora etc. Além disso, o fato de as mulheres não terem acesso à universidade limitava muito suas possibilidades de trabalho e suas necessidades intelectuais.

Entretanto, os ventos de mudança sopraram e, a partir da década de 1960, a participação feminina no âmbito do trabalho começou a crescer de forma vertiginosa.

De acordo com o estudo de Brígida García e Orlandina de Oliveira, nem o fato de estarem casadas ou unidas nem a presença dos filhos inibiu a participação das mulheres no trabalho, o que em épocas anteriores poderia ter sido determinante para mantê-las na esfera doméstica; atualmente já não funciona assim, talvez pelo aumento de seu nível de escolaridade e pelas mudanças em suas expectativas e tradições.

Embora o conceito tradicional de família tenha mudado, as relações afetivas continuam fortalecendo sua essência

---

A estrutura e composição da família também foi modificada. Os casais reduziram paulatinamente o número de filhos que planejavam ter, influenciados pela situação da economia, mas também porque o governo pôs em andamento uma intensa campanha de planejamento familiar.

Diante desse panorama de transformação, o papel da mulher na sociedade e, principalmente, como dona de casa, mudou. Hoje, as mulheres têm força na sociedade, já não se dedicam exclusivamente a criar filhos e também não dependem do salário de seus maridos.

A vida da mulher mudou, e da mesma forma foi transformado o conceito tradicional de família. Isso não significa que o núcleo familiar já não seja o principal apoio do desenvolvimento da criança. Continua sendo. Tampouco quer dizer que as mães já não são necessárias para criar os filhos. Significa que existe uma readaptação de todos os membros dessa instituição e que as mulheres já não podem, nem querem, continuar representando o papel tradicional.

"Em 10 de maio do ano passado, pedi ao meu marido e aos meus filhos que parassem de me dar de presente liquidificadores, frigideiras ou pijamas e, em vez disso, o presente poderia ser um fim de semana só para mim. Aceitaram, sem muita vontade", comenta Mônica Rocha, mãe de três crianças de 10, 7 e 3 anos.

A família é, por excelência, o campo das relações afetivas mais profundas e constitui, portanto, um dos pilares da identidade de uma pessoa.

BAEZA

O trabalho, o desenvolvimento profissional, a necessidade econômica, o divórcio e a passagem paulatina da família extensa para a nuclear – ou seja, formada pelo pai, a mãe e os filhos – são algumas das causas dessa redistribuição de funções. Entretanto, muitas mulheres queixam-se de que ainda há homens que não se dão conta disso e continuam deixando por conta delas a educação dos filhos e o bom funcionamento do lar.

"A maioria das mulheres, incluindo eu, considera a casa como seu terreno, e em vez de solicitar uma divisão equitativa das tarefas domésticas, pede ajuda ao homem. Odeio quando meu marido me diz 'Anita, já retirei a mesa para você'. Fez isso para mim? Não sei por que não entendem que a casa é de todos. Trabalho em período integral e contribuo com todo meu salário para os gastos. Acho que seria justo que ele e as crianças cooperassem", relata Ana Maria Sánchez, secretária executiva de uma construtora e mãe de dois filhos, de 11 e 9 anos.

"Quando comecei a trabalhar em período integral e deixei meus filhos de 9 e 7 anos aos cuidados da senhora que me ajuda em casa, acreditei durante muitos meses que meu lar iria desmoronar. Chegava em casa e me sentia profundamente culpada. De quê? Não sei. Talvez porque estava convencida de que meu lugar era ali, vendo-os crescer. Embora eu tenha ido à universidade, sempre acreditei que o lugar da mulher é junto de seus filhos. Mas com o passar do tempo comprovei que não estava perdendo nada quanto ao desenvolvimento das crianças; eles estavam bem, eram responsáveis por suas tarefas e minha família estava melhor com uma mãe trabalhadora que com uma mãe neurótica e frustrada", relata Patricia Altamirano, advogada.

Muitos especialistas afirmam que o problema atual é que não compreendemos que o conceito tradicional de família mudou, mas as relações afetivas dentro dela permanecem imutáveis: as crianças continuam amando sua mãe e seu pai; as pessoas encarregadas de cuidar das crianças são importantes para o desenvolvimento delas, a mulher precisa de um companheiro e vice-versa.

Valores que devem existir em uma família
Afeto, comunicação, cooperação, liberdade, amor, compreensão, diálogo, respeito, aprendizagem, convivência, fidelidade, responsabilidade, ajuda, confiança, igualdade, solidariedade.

Fonte: *La familia en México. Guía sobre derechos, deberes y obligaciones* (Comisión Nacional de Derechos Humanos, 1ª ed., México, 1995).

De acordo com Penélope Leach, o dilema que as famílias atuais enfrentam é que a responsabilidade dos cuidados diários oferecidos às crianças e à educação a longo prazo recaíram completamente sobre os pais, ao passo que anteriormente as necessidades das crianças eram atendidas em grupos familiares amplos, clãs e até mesmo comunidades inteiras.

Quantas vezes nos perguntamos como as mães de outrora faziam para cuidar de tantos filhos, já que as famílias eram constituídas de 6 a 12 filhos?

Elas tinham redes de apoio: as irmãs, a madrinha, a avó, as babás e às vezes até a vizinha. Atualmente não contamos com todas essas pessoas nos ajudando com os filhos.

De um grupo de 15 mulheres para as quais perguntei se contavam com a ajuda familiar para o cuidado dos filhos, somente cinco responderam que sim. Às vezes, elas recorrem às suas próprias mães; outras, às irmãs; algumas, às cunhadas. Mas o restante afirmou que não tem a quem recorrer.

"Se quero sair à noite para ir ao cinema ou jantar, as crianças ficam com uma senhora que trabalha para nós. Mas ao viajar, por exemplo, eu não poderia ir sem elas. Não tenho quem as leve à escola nem quem cuide delas", afirma Rebeca Zepeda, mãe dos gêmeos Roberto e Ricardo, de 9 anos.

Para María Inés Alba, a família já não é nem sombra do que já foi: "Minha mãe sempre recebia ajuda externa para cuidar de nós, sair da cidade com meu pai ou até para dar comida a meus irmãos pequenos enquanto os grandes faziam a tarefa. Hoje eu sequer conto com a minha mãe, porque ela diz que está muito cansada para aguentar o ritmo das crianças de hoje".

No artigo "Os valores: a família em jogo", Maria Elena Barboza de Riart, doutora em Ciências da Educação, explica que a família atravessa uma forte crise ligada à perda de vínculos e à fragmentação, o que gera a falta do primeiro ponto de referência para o desenvolvimento ético e moral do ser humano.

Sem intenção de afirmar que os tempos passados foram melhores, a realidade é que agora a família está se transformando e passa por um processo de mudança que afeta a todos, principalmente os pais das crianças cujas idades oscilam entre 1 e 15 anos. Como educá-los? Como nos comunicar com eles? Não queremos passar pelo mesmo caminho pelo qual nos educaram, mas tampouco sabemos claramente para onde ir.

Eu, por exemplo, não quero nem poderia aplicar os castigos que meus pais me impunham, mas também não me sinto bem quando Lucía ou Daniel falam comigo de maneira inadequada ou questionam minhas decisões. Nem em sonhos eu teria respondido a meus pais como as crianças atuais respondem aos seus. Mas isso não significa que os de minha geração nos tenham educado melhor do que estamos fazendo hoje com nossos filhos. E devo esclarecer que não concordo de forma alguma em tolerar filhos grosseiros, respondões ou agressivos.

As famílias de antes e as de agora têm poucas coisas em comum, mas as necessidades afetivas, de atenção ou de comunicação entre seus membros continuam sendo as mesmas, porque hoje, como anteriormente, a família é a célula básica do desenvolvimento psicológico, social e emocional do homem. É um fenômeno universal que, como diz a pesquisadora Leticia Solís, permite aos indivíduos adaptar-se às condições e às mudanças sociais de seu tempo.

Algumas mulheres puderam adaptar-se às novas modalidades da família, outras não. Vivemos sentindo-nos culpadas por trabalhar fora de casa e por não nos dedicar à criação dos filhos o tempo que nossas mães nos ofereceram.

Norma Casteló, mãe de uma menina de 12 e de um pequeno de 4 anos, está convencida de que o problema existe somente na cabeça das mães que trabalham e se culpam por deixar seus filhos. "Parece que não entendemos que as crianças atuais pensam de forma diferente daquelas de antes. Talvez para mim tenha sido traumático minha mãe trabalhar fora de casa, porque a única referência que eu tinha era das mães que ficavam cuidando dos filhos. Hoje meus filhos sabem que trabalho porque desde que nasceram é assim. Então, seu parâmetro de família é diferente. A maioria das mães de seus amigos trabalha fora de casa, de forma que para eles é mais do que normal."

E embora as mulheres trabalhem fora, assim como seus maridos, a família continua sendo o núcleo das relações, e as necessidades de seus membros continuam sendo as mesmas de sempre. Não é por ter uma mãe enfermeira, secretária ou executiva que as crianças vão precisar menos dela ou não vão precisar de demonstrações físicas de afeto. Os membros das famílias de qualquer época precisam de roupas, alimento, teto e carinho.

A doutora Ana Teresa López de Llergo, catedrática da Universidade Panamericana, explica que a família é um dos âmbitos educativos mais importantes para adquirir alguns instrumentos que nos permitem socializar-nos adequadamente. Comenta o seguinte:

> Entre as principais aquisições familiares, encontramos elementos indispensáveis para a vida social, a comunicação e a linguagem;

as primeiras habilidades motoras; os elementos cognitivos como fundamento da vida intelectual e o desenvolvimento da afetividade, que favorece o sentimento de confiança básica, a afirmação e a autonomia pessoal. Isso é possível porque na família há uma extraordinária unidade na pluralidade. É integrada por pessoas de sexo e idade diferentes e em seu seio são realizadas as atividades mais diversas que, se bem aproveitadas, podem ser sumamente educativas.

> A família é considerada a célula básica do desenvolvimento psicológico, social e emocional do homem

"Quando eu era criança, minha mãe trabalhava fazendo traduções. Passava muito tempo conosco, mas quando tinha de trabalhar fechava-se e ninguém podia interrompê-la. Eu gostava muito de vê-la quando ela terminava seu trabalho. Até o seu rosto se transformava. Estava mais satisfeita, mais contente. Entretanto, diante de meus colegas de escola eu me sentia diferente, porque a maioria de suas mães se dedicava ao lar", relata Araceli Corona, química e mãe de duas crianças.

Entretanto, Elsa Reinoso, mãe de três meninas e projetista industrial, comenta que ela teria gostado muito que sua mãe trabalhasse. "Vejo-a agora com seus 60 anos, sozinha e com uma vida que acho profundamente tediosa. Ela me questiona muito por eu trabalhar. Acha que as meninas precisam de mim o tempo inteiro, mas meu salário é necessário, eu gosto muito do meu trabalho e a família funciona adequadamente."

O fato de a mulher participar na atividade econômica não implica uma ruptura da família. Em pleno século XXI, muitas pessoas ainda creem que a mulher não deve trabalhar, mas cuidar de seus filhos. Por outro lado, é cada vez maior o número de pessoas que aceitam que a presença das mulheres é necessária em todos os campos de atividade.

Isso não significa que os homens tenham se integrado de maneira equitativa às atividades domésticas ou à criação dos filhos. A casa e a educação continuam por conta das mulheres, quer trabalhem quer não fora do lar. Talvez a ausência de uma distribuição justa dessas funções e o reconhecimento de que, ainda que queiramos, não podemos ser "supermães" sejam o que mais nos aflige e faz com que nos sintamos culpadas.

"Comecei a trabalhar há pouco tempo, mas a responsabilidade econômica recaía sobre o Mario, meu marido. Há um ano o demitiram da empresa na qual trabalhou durante 15 anos e o dinheiro que lhe deram já acabou. Decidimos que eu trabalharia em tempo integral, enquanto ele procurava algo, mas o mais duro para mim é que ele não me ajuda com as crianças. Eu as deixo na escola, vou buscá-las, encarrego-me das tarefas, das compras e das atividades extraescolares delas. O trabalho não é equitativo", comenta Mariana Núñez, mãe de uma menina e um menino, que trabalha como corretora imobiliária.

Que tarefas o pai pode desempenhar na criação de seu filho? Todas, exceto pari-lo e amamentá-lo.

FUENTES

Acredito que, em vez de nos lamentar e culpar os maridos por "não nos ajudar em casa", deveríamos mudar de estratégia. Não é fácil, mas para muitas mulheres funcionou integrar todos os membros da família nas atividades domésticas. Partamos da ideia de que dificilmente poderemos mudar a mentalidade de nossos maridos. Eles foram educados sob o mandato de uma mulher tradicional (sua mãe) e foi-lhes ensinado o costume de que os homens devem ser servidos. Deixemos de lutar contra isso. Simplesmente eduquemos nossos filhos de outra maneira. Aceitemos a forma de ser de nosso marido diante da criação e das atividades do lar. Ensinemos nossos filhos a ser responsáveis por recolher seus pratos, sua roupa, seus brinquedos. Isso já é de grande ajuda.

Até pouco tempo, eu brigava comigo mesma pela mudança no conceito de família que vivi. Minha luta interna parte do princípio de que vim de uma família mais ou menos tradicional e, ao mesmo tempo, considero-me uma "mulher liberal" que trabalha. Lembro-me de fazer isso desde que estava no terceiro semestre da faculdade e nunca gostei de pedir nada a ninguém. É um erro crasso das "mulheres liberais" pensar que pedir ajuda é humilhar-se. Casei-me com um homem nove anos mais velho do que eu e vindo de uma família muito parecida com a minha. Entretanto, de seu grupo de amigos, levando em conta sua opinião ideológica, ele tornou-se o mais conservador de todos.

Quando comecei minha vida matrimonial supus que Guillermo compartilharia democraticamente comigo as atividades do lar. Eu queria que ele fizesse a cama todos os dias e se encarregasse de mais algumas coisas. Não foi assim. Ele coopera, claro, mas em outros aspectos.

Durante muitos anos eu tive certeza de que era melhor ter um esposo que limpasse a cozinha e ajudasse a lavar a louça do que alguém que apoiasse meus projetos, cuidasse das crianças nos fins de semana, quando eu não tinha condições de fazer isso, e que me impulsionasse na parte profissional. Depois compreendi que toda a confusão estava na minha cabeça e que daria no mesmo se meu marido me ajudasse ou não a limpar o apartamento. O que importa verdadeiramente é saber que conto com ele em coisas mais relevantes do que tirar a mesa. Que bom seria se meu marido também me ajudasse com os trabalhos da casa, mas não é assim e devo aceitá-lo. E mais: assumo todas as críticas feministas por essa forma de pensar.

Sem dúvida o conceito de família mudou. Meu pai, por exemplo, não nos ajudava nos serviços domésticos, nem se preocupava com as frustrações de minha mãe. Para ele, e para a maioria dos homens de sua geração, era necessário manter financeiramente a mulher e os filhos. Ponto. Sua preocupação era que nunca faltasse nada.

As coisas já não são assim. Em geral, o orçamento familiar é composto de dois salários; a mulher continua cuidando da casa e dos filhos, além de sair para trabalhar. Mas não se pode negar que a participação dos homens aumentou notavelmente, pelo menos no que se refere à educação dos filhos.

> *O amor-próprio das mulheres é uma exigência para enfrentar o domínio ou a superproteção que envenena o exercício tradicional da maternidade.*
>
> SAVATER

Um dia, a diretora do colégio de Daniel e Lucía me disse: "Senhora, observe a quantidade de pais – referindo-se aos homens – que assistem a esta reunião. Anteriormente isso era considerado uma obrigação da mãe. Claro, as famílias estão mudando".

Em *A era do vazio*, o filósofo francês Gilles Lipovetsky afirma que diante da crise de muitos padrões que regulamentavam a vida cotidiana do homem moderno, é melhor apostar em um mundo em que vários estilos de vida podem ser possíveis e em que a solidão ou a ausência de um núcleo familiar tradicional não é um fracasso pessoal, mas outra forma de se relacionar com o mundo e com os demais.

No meu ponto de vista, o grande choque entre as mulheres e os homens quanto à divisão de tarefas domésticas está mais relacionado com a nova distribuição de papéis dentro da família do que com qualquer outro fenômeno. Tanto eles como nós temos de nos adaptar a esta realidade e educar os filhos com outros olhos. Parafraseando a antropóloga Marta Lamas, não podemos continuar pensando na mãe partindo do ponto de vista da "santa mãezinha". É necessário deixar de julgar a maternidade como sinônimo de altruísmo e começar a considerá-la uma faceta amorosa, compartilhada e responsável.

Em nossa família nos ensinaram muitas coisas, mas não queremos aplicá-las a nossas vidas. Por isso hoje nos causa tanto conflito sair para trabalhar, almoçar com as amigas, pedir às crianças – claro, quando passam dos 9 anos – que se sirvam sozinhas no jantar. Tudo nos faz sentir culpadas, incapazes, mães controladoras. Tampouco somos suficientemente adultas para enfrentar essa nova realidade sem temor.

"Ofereceram-me um trabalho muito interessante, bem pago, em período integral, embora com horário flexível. Mas primeiro tenho de perguntar a meu marido", dizem algumas mulheres.

Outras precisam pedir permissão a seu marido para sair com as amigas ou sem as crianças.

Não tenho nada contra os maridos, simplesmente me rebelo diante do fato de agir como se fôssemos crianças pequenas e acreditar que, se saírmos dos cânones tradicionais da família, estaremos nos comportando mal e deveremos ser repreendidas.

É assim que me sinto. Se saio sozinha uma tarde e atraso 15 minutos para chegar em casa, considero-me uma mãe irresponsável: o que tenho de fazer sozinha na rua se tenho dois filhos me esperando?, pergunto a mim mesma.

"Se a mulher exercesse mais plenamente seu poder como indivíduo não precisaria entrar no jogo nefasto em que se consegue o domínio por meio da entrega: o poder sobre os filhos e a dependência destes se nutre de seu constante caráter provedor. A dedicação exclusiva das mães não favorece a saúde mental dos filhos, pelo contrário, sobrecarrega-os de problemas", afirma Rosa Coll em seu artigo "Deixar de ser mães".

> Não se pode negar que a participação dos homens na educação dos filhos vem aumentando consideravelmente nos últimos dez anos

Não aceitar que a família está mudando e que as expectativas das mulheres atuais são muito diferentes daquelas das mães de outrora é o mesmo que não querer retirar uma venda dos olhos.

"A única coisa que pedia na vida era saúde para minha família, e acreditava que me dedicar de corpo e alma a meus filhos, meu marido e meus netos era minha maior obrigação. As mulheres se realizavam assim antigamente. Ter filhos e um bom marido era o nosso grande desejo. Nem por brincadeira pensávamos em sair para trabalhar. Por outro lado, hoje as mulheres pensam de forma diferente. Minhas filhas e noras trabalham, umas por necessidade e outras por gosto, mas vejo que hoje a família é outra coisa", expõe Rosa Suárez, de 70 anos, mãe de oito filhos e avó de 11 crianças.

Sob a barra da saia de cada mãe há um ser humano comum e mal-humorado; não existe uma fábrica especial de santas que produza tranquilas e abnegadas "madonas" em série.

Purves

De acordo com Priscila Fernández, doutora em Sociologia, é muito comum enfrentarmos a crença de que o homem precisa de um trabalho, mas a mulher trabalha somente porque quer, não por necessidade. Uma mulher pode precisar de um emprego, da mesma forma que o homem, para suprir suas necessidades e as de sua família, para ser mais independente, ou simplesmente para se desenvolver no plano pessoal.

Entretanto, a dupla jornada que é obrigada a realizar no trabalho e em casa não lhe permite gozar da disponibilidade trabalhista que o homem tem; a mesma que muitas vezes impediu seu acesso a postos de responsabilidade ou de direção. E quando é promovida, é à custa da qualidade familiar ou até mesmo mediante a renúncia total à família, porque esta continua sendo uma responsabilidade feminina.

"Não é fácil para uma mulher trabalhar e suportar a responsabilidade do lar, além de cuidar da relação conjugal e ser mãe. Às vezes, tenho a sensação de que me faltam horas do dia, mas esse é o desafio da mulher de hoje. Estamos passando por um momento em que a crise econômica e social obriga as mulheres a trabalhar. De fato, cada dia mais aumenta o número de mulheres que trabalham em diferentes postos e empregos. É vista e sentida a necessidade de realizar um trabalho junto com o cônjuge. É necessário que ambos trabalhem para levar adiante a família e pagar as despesas da escola das crianças, de saúde e outras responsabilidades", comenta Mónica García, gerente de um banco.

A psicopedagoga Silvia Baeza explica que o conceito tradicional de família e as funções que tem cada um dos seus membros dentro dela foram modificadas substancialmente. Depois da família extensa, na qual conviviam várias gerações (patriarcado), reconhecemos hoje a família de núcleo (pais e filhos) e outras formas de agrupamentos muito diferentes de modelos históricos anteriores. Esses modelos são observados em todas as classes e níveis sociais e dão lugar a diversas configurações familiares: famílias uniparentais, famílias montadas, famílias reorganizadas, filhos que não convivem com seus pais, convivências de membros que não possuem laços consanguíneos, "parentes sem nome" (a linguagem cotidiana é expressa com sua habitual riqueza: "o filho da noiva de meu pai, que obviamente não é meu irmão", ou a relação entre "ex-sogros" ou "ex-cunhadas").

É fato que as mulheres têm maior tendência a abandonar a carreira profissional por razões familiares do que os homens. Não necessariamente porque os homens tenham mais direitos do que as mulheres, mas porque é muito difundida a opinião de que o trabalho do homem faz parte de seu papel como provedor na família; no entanto, o trabalho da mulher entra em conflito com sua função como administradora do lar. Assim, se um homem tem um horário de trabalho longo, entende-se que é para o bem de sua família; por outro lado, se é a mulher quem tem uma jornada longa, chega-se a dizer que sua família passou para segundo plano. Entretanto, só estando no lugar das mulheres que trabalham longas jornadas é que se pode emitir uma opinião.

Cada família reage de uma forma, dependendo de suas necessidades; por isso é tão complicado unificar um modelo de convivência

---

Parece mentira, mas há ainda quem afirme que, para que a família subsista, é necessário que as mulheres retornem ao lar para cuidar dos filhos e marido. Outros garantem que a solução é aumentar as creches e oferecer, às mães que trabalham em horários mais flexíveis, licenças-maternidade mais longas e maior participação dos pais. Mas ninguém tem soluções reais, porque elas não existem. Cada família opera de uma maneira diferente e talvez o que funcione em uma não sirva em outra. Cada uma terá de pôr em andamento diferentes soluções para um problema que, embora seja o mesmo, afeta cada família e cada um de seus membros de um modo diferente.

"Meu marido critica até meu cansaço por trabalhar. Diz que não há necessidade financeira para que eu deixe as crianças. Considera que o melhor é que eu esteja o tempo todo com eles", conta María Ester Díaz, neurofisiologista e mãe de duas crianças.

> *Cada família é um caso que sugere a outras modos de proceder, mas não é uma regra para estabelecer metodologias rígidas.*
>
> López de Llergo

Margarita Hernández, recepcionista em um consultório médico, deseja deixar de trabalhar porque sente que abandonou seus filhos de 4 e 7 anos.

"Mas meu salário é necessário. Além disso, meu marido acredita que se eu ficasse todos os dias com as crianças eu ficaria de mau humor e desesperada para voltar ao trabalho."

Em seu livro *Megatendências de la mujer* (*Megatendências da mulher*), os pesquisadores Patrícia Aburdene e John Naisbitt garantem que, devido ao fato de não existir um modelo familiar predominante, não pode haver uma solução única para restabelecer a unidade familiar. Para eles:

> A família tradicional – a mãe que cuida do lar, o pai provedor e os filhos – representa na atualidade apenas 10% dos lares. As múltiplas opções familiares vêm em todas as formas e tamanhos: cônjuges casados e os filhos de ambos, lares com um padrasto

ou uma madrasta, pais ou mães sozinhos, crianças adotadas, maridos que fazem as tarefas domésticas. Não existe uma maneira "moral" ou politicamente correta na qual a mulher faça malabarismos com suas responsabilidades domésticas e familiares.

Algumas sacrificaram carreiras de sucesso para cuidar dos filhos. Outras criaram empresas próprias que podem administrar de casa. A maioria busca creches e trabalha em período integral. Entretanto, esses exemplos são apenas a mínima parte das diferentes soluções que as famílias adotaram.

Pessoalmente, não encontrei um ponto de equilíbrio entre o trabalho e as crianças. A culpa por não estar cuidando delas todas as tardes obrigou-me a encontrar pretextos que justificassem minha renúncia ao emprego. Assim o fiz, mas também não aguentei ficar muito tempo sem trabalhar. Felizmente, minha profissão me permite trabalhar em casa, embora eu reconheça que sou incapaz de organizar meu tempo de maneira adequada, de forma que possa ter as tardes livres para me dedicar a Lucía e Daniel.

Passo todo o dia sentada em frente ao computador, e das mais de dez horas em que o faço, acho que somente duas são verdadeiramente produtivas. A única culpada sou eu: sinto-me supermãe e quero resolver todos e cada um dos detalhes da vida cotidiana de minha casa e de minha família. Falta-me decisão para pôr cada coisa em seu lugar: de manhã, as crianças estão na escola, então eu poderia aproveitar quatro ou cinco horas e dedicá-las exclusivamente ao trabalho. Dessa forma, teria toda a tarde para estar com elas. Mas não consigo me organizar e enquanto me comportar assim jamais conseguirei formar uma verdadeira equipe com os membros de minha família.

"Acredito que todas as mães devem se desdobrar e tirar o máximo proveito do tempo. Meu trabalho exige muito de mim, embora minha prioridade seja minha família. Mas na realidade, como mãe que trabalha, vivo entre a pressa, a angústia, a satisfação e a culpa, porque sempre quero dar mais a meus filhos e acredito que poderia fazer mais. Entretanto, para mim, a maternidade é um privilégio e, além disso, tive a oportunidade de ter uma carreira muito dinâmica; então sinto que tenho muita sorte. Afinal de contas, acho que ninguém aprende a ser mãe. Que bom seria se houvesse cursos! Como não existem, tentamos sempre fazer o melhor e vamos aprendendo junto com os filhos", expõe a dentista Silvia Díaz, mãe de dois meninos e uma menina.

Perguntas

As mulheres, como eixo da família, atravessam um processo de mudança no qual o trabalho tradicional e exclusivo de criar e educar filhos está sendo modificado vertiginosamente.

1. Que função as mulheres cumpriam na família da qual venho? Eu a aceitei sem nenhum tipo de questionamento?
2. Como meu papel como mulher dentro de minha família foi afetado pela situação econômica mundial?
3. Como peço a todos os membros da família – marido e filhos – que compartilhem as tarefas domésticas comigo de maneira que compreendam que a casa não é somente minha?
4. Que valores regem minha família?
5. Se sou uma mulher que trabalha fora de casa, sinto-me culpada? Por quê?
6. Pergunto a mim mesma como meus filhos e meu marido me veem, além de como mãe e companheira?

2

A mulher muda de papel

Embora ainda haja países onde as mulheres caminham três passos atrás do homem, outros em que são impedidas de estudar e alguns onde só podem sair à rua com o rosto coberto, não podemos negar todos os avanços em relação à participação feminina nas áreas econômica, política e social, entre outras.

Essa presença não significa necessariamente que as mulheres tenham renunciado à família ou à sua maternidade, mas sim que o desenvolvimento profissional já está sendo buscado por elas.

Laura Carrillo é mãe de dois adolescentes; sua profissão como produtora de TV impede que passe todo o tempo que deseja com seus filhos e seu marido. Entretanto, uma de suas condições para aceitar o emprego foi a de que por nenhum motivo trabalharia nos fins de semana. É uma excelente profissional e os diretores da empresa sabem disso. Dessa forma, mesmo que não seja fácil para eles liberarem-na, nem por equívoco procuram por ela nos fins de semana. Laura aproveita para estar com a família, todos se ajudam na cozinha, saem para ir ao cinema ou ao teatro. Além disso, um dia por semana almoça com seus filhos e, durante esse tempo, cada um fala de seus problemas.

"Meus filhos já estão grandes e isso torna mais fácil minha organização. Mas desde que eram pequenos eu trabalhava em período integral e não me considero uma mãe ruim por isso. Os dois são muito responsáveis e sabem que contam comigo e com seu pai para qualquer coisa. Quando eram pequenos, eu, como todas as mães, sentia-me culpada e acreditava que os estava abandonando, mas havia uma grande necessidade dentro de mim de continuar trabalhando. Discuti isso com meu marido e decidimos que era melhor ser uma mãe satisfeita, embora tivesse de correr o dia inteiro, do que uma mulher frustrada. Nunca reconheceremos, mas se ficarmos em casa cuidando de filhos e dentro de nós quisermos continuar trabalhando, certamente sofreremos muito mais com isso", afirma.

Georgina Delgado, antropóloga, comenta que as mulheres não têm motivo para ficar se comparando com os homens a fim de conseguir um trabalho nem deveriam se sentir obrigadas a esconder que são mães. Ela explica:

> O feminismo da década de 1970 negou respeito e prestígio à maternidade e a converteu em um termo negativo para designar a mulher passiva e atrasada, trancafiada em casa e dedicada a se encher de filhos.
>
> As feministas radicais nos fizeram acreditar que a mulher não tinha compreendido que a felicidade e a verdadeira realização estavam no trabalho fora do lar. Uma consequência de se ter considerado a maternidade algo insignificante é que o feminis-

mo deixou de lado a necessidade de conciliar a família com a carreira profissional.

Antes, acreditava-se que tanto a realização profissional como a felicidade pessoal só podiam ser encontradas fora de casa

Jorge Carlos López, terapeuta familiar, afirma que é indispensável que as famílias definam quais são as funções específicas que cada membro pode assumir e que as mulheres possam delegar tarefas a fim de melhorar sua qualidade de vida e favorecer projetos familiares e pessoais.

"A dinâmica familiar atual está levando uma grande quantidade de mães a buscar suas aspirações de moradia, alimentação, educação e transporte, por isso enxergam seu trabalho do mesmo modo que sua preparação profissional: a forma de obter benefícios para suas condições atuais. Entretanto, encontram no meio que as rodeia comentários que as culpam pelas crises familiares e, em alguns casos, pela decomposição social; esquece-se que a mãe não é a única responsável pelo funcionamento familiar."

Certamente, ainda há pessoas que estigmatizam as mulheres que trabalham e, sem o menor respeito, afirmam que as vidas de seus filhos são um inferno porque elas estão ausentes.

Eu as escutei uma infinidade de vezes no horário de saída da escola de Daniel e Lucía: "Os filhos de fulana são muito desobedientes e vão muito mal na escola porque sua mãe não está com eles todas as tardes", afirmam de forma bastante arrogante.

Pergunto-me se não será retrógrado continuar pensando dessa maneira.

Muitas mães entrevistadas dizem que na atualidade já não se deve pensar assim, mesmo que aquelas que podem ou têm de trabalhar não o façam. Mas há outra porcentagem de mães que não têm necessidade de trabalhar e criticam profundamente aquelas que o fazem.

Como em tudo na educação, uma decisão pode funcionar para algumas famílias e para outras pode haver uma saída diferente. No meu caso, nunca consegui deixar de trabalhar; eu o faço em casa, e quando trabalhei em um escritório, acabei tão esgotada que francamente não voltaria a fazê-lo. Entretanto, admiro muitíssimo as mulheres que trabalham, cuidam da casa e ainda tratam de não perder a sensatez.

Acho que para conseguir isso é necessário um grande senso de organização. Algo que eu não tenho.

Lembro-me de uma ocasião em que deveria estar em uma reunião de trabalho às nove da manhã. Preparei tudo muito cedo, vesti um terninho executivo e, assim trajada, comecei a brigar com Lucía – que era menor – na hora do café da manhã. Depois lamentei minha falta de previsão porque a menina vomitou em cima de mim. E digo falta de previsão porque ninguém iria dar algo para uma criança de 3 anos comer com um terninho; por fim, consegui me arrumar novamente.

Na velocidade da luz, troquei de roupa e na hora de sair percebi que minha filha estava ardendo em febre. Ninguém pode adivinhar quando uma criança vai ficar doente, mas uma mulher organizada deve ter uma estratégia para os casos de emergência. Tranquei-me no banheiro para chorar por minha frustração.

Leticia Valdez é uma mulher muito dedicada à sua casa, mas também é professora em uma universidade e consegue ter tempo para bordar tapetes, o que para ela é uma tarefa absolutamente terapêutica.

Não tem serviço doméstico, visto que uma tarde qualquer dedica-se a cozinhar para toda a semana, congela os pratos e pronto. Sua casa está sempre organizada. "Se usamos um copo, imediatamente o lavamos e o colocamos em seu lugar", comenta. Acho que ela nunca passaria por uma situação como a do terninho.

> Definitivamente, o papel da mulher na sociedade mudou muito, mas considero que agora estamos melhor. Sinto uma grande satisfação quando posso convidar minha família para jantar e pagar a conta. Nunca competi com Juan Pedro, meu marido
>
> Cada um tem seu espaço na casa e, embora nos primeiros três anos de vida de meus dois filhos eu tenha estado o tempo inteiro com eles, queria que eles crescessem logo para poder voltar a dar aulas, que é minha paixão.

Apesar da revolução feminina em quase todo o planeta, muitas mulheres podem e preferem ficar em casa atendendo aos membros da família. Acredito que sua postura é tão válida quanto a daquelas que saem para trabalhar.

Para María Antonieta Barragán, executiva de uma empresa, o fato de uma mãe não sair de seu lar não significa necessariamente que se dedique a seus filhos.

> Há muitas mães de família que não trabalham e estão com as crianças o tempo inteiro, mas sem lhes dar atenção; geralmente,

sentam-se para assistir a novelas, aproveitam para falar ao telefone ou ficam andando pela casa. Então não vejo qual é o sentido de ficar com os filhos o dia inteiro.

O emprego não é apenas para conseguir salário, mas também para se manter vínculos sociais; assim, além de sua importância econômica, tem um enorme significado simbólico.

COMISSÃO ECONÔMICA PARA AMÉRICA LATINA (CEPAL)

Por sua vez, Virginia Albarrán está convencida de que as crianças das mães que permanecem em casa desenvolvem-se de maneira diferente daquelas que estão ausentes. "Não critico as mães que trabalham, mas acho que deveriam fazê-lo somente se for estritamente necessário em termos financeiros. Pelo menos enquanto as crianças são pequenas."

Qual das duas opiniões é correta? As duas, sem dúvida.

Uma presença notável

Conforme dados estatísticos, a crescente participação da mulher na economia produziu mudanças drásticas nas estruturas familiares e sociais.

Os conhecedores do assunto consideram que desde a década de 1970 o mundo vive um processo de feminismo do mercado de trabalho devido, entre outras razões, ao aumento do número de mulheres que buscam emprego para sustentar suas famílias ou para completar a renda; também devido ao aumento nos níveis de escolaridade femininos e à demanda crescente de sua força de trabalho em diferentes setores econômicos.

De acordo com números do Banco Mundial (BM), entre 1960 e 2004 a participação das mulheres no mercado de trabalho total cresceu 162%.

Apesar do cuidado diário com seus filhos e das atividades do lar, há muitas mulheres que participam do mercado de trabalho e geram receitas, sendo que a porcentagem de lares que têm a mulher como chefe de família cresceu muito desde 1990.

> O maior desafio enfrentado pelas mulheres que trabalham é conseguir um equilíbrio satisfatório e adequado entre o trabalho e as necessidades de sua família

"Fiquei viúva há quatro anos e tem sido muito difícil cuidar das meninas e das finanças da família. Meu marido tinha lojas de móveis no interior e agora preciso ir e vir de lá, duas ou três vezes por semana. Tive de aprender a administrar. Não posso mudar de cidade porque a escola deu uma bolsa de estudos a minhas filhas e não podia deixar de aproveitar essa oportunidade", relata Ester García, que concluiu o bacharelado.

Patricia Valdez, de 49 anos, tem um filho na universidade, mas divorciou-se quando o garoto tinha 2 anos. "Foi muito difícil enfrentar a vida sozinha em um país onde os melhores trabalhos são atribuídos aos homens; se você tiver um filho, encontra obstáculos, e é ainda pior se você não tiver curso universitário. Quando eu vivia com meus pais, tive a oportunidade de ir à universidade – como o restante dos meus irmãos –, mas achei mais cômodo fazer um curso na área comercial, de modo que comecei a trabalhar desde muito jovem. Trabalhei em tudo o que foi possível, porque a vida é muito difícil para uma mulher sozinha e que é mãe", reconhece.

"Meu marido está há um ano e meio sem trabalho. Embora eu o apoie, se fosse ele eu já estaria trabalhando no que quer que me oferecessem. Necessariamente ele deseja encontrar um posto de diretor, mas até o momento não conseguiu. Agora vivemos na casa de meus sogros; tive de tirar as crianças da escola porque já não tínhamos dinheiro para pagar o colégio e, atualmente, vendo de tudo, desde bijuterias até salgadinhos", compartilha Julieta Fernández, engenheira e mãe de três filhos de 11, 13 e 16 anos.

Karina Alcocer é mãe solteira e relata todas as peripécias que tem de fazer para realizar seu trabalho: "Sou fotógrafa e faço muitas monografias para diferentes representações dos governos. Corro o dia inteiro porque gosto de almoçar com meu filho de 9 anos, mas o problema real é quando tenho que sair da cidade. Conto com um grupo de amigas muito solidárias que ficam com ele, pois têm filhos da mesma idade. O garoto tornou-se muito responsável, embora eu saiba que ele preferiria que eu não viajasse. Mas não posso me dar a esse luxo. Se eu não trabalhar não comeremos. Esta é a verdade".

Enquanto os chefes não entenderem que temos de receber por produzir e não pela presença, a maioria dos funcionários deve estar presente fisicamente nos escritórios e locais de trabalho.

FUENTES

Em minha procura por mulheres que trabalham e que também são mães, encontrei uma taxista cujo principal temor é que assaltantes entrem em seu automóvel e a machuquem.

"Trabalho durante a manhã; às duas da tarde termina meu turno, pego meus três filhos na escola – de 7, 8 e 10 anos – deixo-os em casa, vou entregar o táxi e volto para preparar a comida para eles. À tarde, trabalho em uma papelaria que fica na esquina de minha casa e às oito da noite volto para casa, vejo se as crianças terminaram suas tarefas, sirvo o jantar e depois coloco-as para dormir. Meu marido trabalha fora da cidade e vem só nos fins de semana. Com o que ele ganha não dá para nos sustentar, então tenho de trabalhar mesmo que não queira", assevera Beatriz García.

Um documento elaborado pelo Instituto da Mulher no México afirma que as mães dedicam uma parte muito importante de suas vidas ao cuidado e à formação de seus filhos e filhas, que são o capital humano essencial para o desenvolvimento do país.

Se forem considerados os nascimentos do ano de 2005 no México e o tempo que as mulheres dedicaram ao cuidado de seus filhos durante a gestação e os primeiros três meses de vida, o tempo total que as mães dedicaram à sociedade equivale ao tempo de vida de 34.238 pessoas, de acordo com a perspectiva de vida atual, que é de 75,4 anos.

A mudança nos hábitos das famílias, assim como a participação cada vez maior das mulheres no mercado de trabalho é irreversível, por isso as relações interfamiliares deverão adaptar-se a essa mudança. No entanto, como combinar na vida cotidiana um emprego e a atenção a uma criança doente de varicela que precisa estar perto de sua mãe?

Sem dúvida os horários de trabalho terão de ser flexíveis, os homens terão de participar mais na solução dos conflitos que surgem todos os dias no lar, e as empresas públicas e privadas deverão compreender que um trabalhador é mais produtivo quando sente o apoio dos comandos superiores.

Isso é, com certeza, um trabalho de equipe, e provavelmente não veremos os frutos, mas as novas gerações serão beneficiadas.

Marcela Casado, funcionária pública, relata:

> Em muitos países a família já está sendo reavaliada, pois as empresas começam a ser mais flexíveis com seus horários. Mesmo no México, a maioria das pessoas que trabalha no setor privado sai às cinco ou seis da tarde.
>
> Trabalho no setor público e não tenho horário de saída. Eu sabia que se aceitasse a oferta teria de renunciar por um tempo à vida cotidiana com meus filhos. Acho um absurdo, mas funciona assim. Nos últimos seis anos, supostamente muitos setores governamentais modificaram seus horários para que às seis da tarde fossem apagadas as luzes e todas as pessoas pudessem ir para casa. O pretexto era que tínhamos de economizar luz e, por este simples fato, deveriam nos obrigar a sair às seis ou sete da tarde.

O desgaste na saúde das mulheres que trabalham está diretamente associado ao estresse produzido pelos trabalhos externos e curriculares

Na parte doméstica também são sentidas as mudanças, mas em muitos lares predominam as velhas tradições de que a mulher, embora trabalhe, deve se encarregar dos serviços domésticos.

Uma noite, aproximadamente às 21h30, meu marido chegou do trabalho. As crianças já estavam dormindo e naquela época eu trabalhava em período integral como editora de uma revista. Depois de nos cumprimentarmos, ele muito cordialmente me disse: "Eu adoraria chegar em casa e encontrar tudo pronto para o jantar. Você me serviria um copo de leite?"

Reconheço que fiquei muito aborrecida com o comentário e com o pedido e lhe respondi com outra pergunta: "E você, poderia servi-lo a mim?" Então ele me disse: "María, venho do trabalho, o que lhe custa?" Mais aborrecida ainda eu lhe disse: "Eu também trabalho o dia inteiro e, além disso, cuido das crianças. Acho que mereço atenção". A conversa parou por ali e, claro, fomos dormir chateados.

Conheço mais de uma mulher que desistiu de sua profissão diante das pressões que representa ser mãe e trabalhar fora. É doloroso reconhecê-lo e, embora seja difícil de acreditar, para nós a separação dói tanto quanto para nossos filhos.

Uma alta executiva de uma empresa de sucos, que ganhava mais de 50 mil reais por mês, não conseguiu suportar a pressão e renunciou à sua vida profissional enquanto seus filhos eram pequenos: "Não renunciei ao meu emprego porque meus filhos precisavam de mim; renunciei porque era eu quem precisava deles. Crescem tão rápido que não desejaria lhes dar atenção apenas ao se despedirem de mim quando fossem embora."

Em seu livro *Soy madre, trabajo y mi siento culpada* (*Sou mãe, trabalho e me sinto culpada*), a jornalista espanhola Sonsoles Fuentes afirma que somente quando os papéis entre ambos os sexos forem totalmente intercambiáveis, as pressões exercidas sobre a mulher desaparecerão. Atualmente são muitos os motivos que impedem isso; entre eles, os seguintes:

- a maternidade justifica a existência da mulher e nada pode ser igualado a criar um bebê, contribuir para seu bom crescimento e a formação de um ser humano;
- muitas mulheres continuam acreditando que o âmbito doméstico é seu território, onde o homem – quando está disposto a colaborar – aceita suas ordens para ajudar em casa, não para compartilhar a carga;
- muitas mulheres acreditam que seus filhos são mais seus do que do pai;
- está na moda a imagem de uma mulher forte e segura de si mesma, capaz de suportar as situações mais difíceis e duras, como a de conciliar o trabalho fora do lar com a maternidade.

Cuidado com a saúde

Como se não bastassem as pressões profissionais e familiares, descobriu-se que a saúde das mulheres que criam filhos e têm um emprego é extremamente afetada. Os dados obtidos por um estudo realizado nos Estados Unidos foram alarmantes, pois comprovavam que os níveis de estresse das mães profissionais ou empregadas são tão altos que podem lhes trazer sérias consequências para sua saúde mental e física.

O estresse

A experiência de estresse presume que uma pessoa deva enfrentar uma série de demandas ou petições que superem seus recursos, de maneira que veja a si mesma incapaz de reagir com sucesso e sair satisfeita da situação.

Essas demandas podem ultrapassar nossas capacidades, porém, na verdade, a demanda não nos exige tanto; é nossa própria percepção da dificuldade o que nos faz reagir com estresse.

O estresse, ou a incapacidade de enfrentá-lo, é considerado atualmente a principal causa da interrupção das atividades de grande parte da população em aparente bom estado de saúde; também é a causa de doenças como a depressão, as úlceras, a colite, a vertigem e muitas outras. Além disso, está relacionado com o envelhecimento, visto na atualidade como "normal", embora seja mais prematuro e acompanhado de demência pré-senil. Muitas doenças crônicas cujas causas são ignoradas e para as quais não existe um tratamento específico estão relacionadas com o estresse e pioram em razão dele.

Fontes: www.siicsalud.com; www.discoveryhealth.com

Um grupo de cientistas da Universidade de Duke, nos Estados Unidos, tirou amostras de urina de um grupo de 109 mulheres, três vezes ao dia: pela manhã, durante o horário de trabalho e antes de irem dormir. No estudo foram comparadas mulheres que trabalhavam fora de casa com outras que também tinham emprego, mas não se encarregavam da responsabilidade familiar.

Os pontos de comparação entre elas foram os níveis hormonais de cortisol, adrenalina e noradrenalina – todas substâncias associadas ao estresse. Os resultados revelaram que as mulheres com filhos registraram maiores níveis de cortisol durante as 24 horas do dia em comparação com as que não têm filhos.

Os hormônios do estresse

Quando sentimos estresse, nosso corpo reage gerando um hormônio chamado cortisol, que nos faz produzir energia para fazê-lo trabalhar. Se nossos níveis desse hormônio estiverem elevados por vários meses ou anos, isso produz danos ao nosso corpo. Afeta o sistema imunológico, a fertilidade e os ossos. Novos estudos também demonstram que níveis altos desse hormônio produzem perda da memória e diabetes de determinados tipos.

A adrenalina e a noradrenalina são substâncias produzidas pela medula suprarrenal e, ao incorporar-se à corrente sanguínea, têm os seguintes efeitos:

- estimulam o coração a aumentar sua força de contração;

→

- aumentam a concentração de açúcar no sangue e igualmente seu índice de coagulação;
- reduzem a fadiga muscular, o que permite realizar exercícios físicos mais frequentes e que exigem mais força;
- fazem com que os vasos sanguíneos se contraiam e, com isso, o sangue seja canalizado de uma parte do corpo para outra onde é requerido com mais urgência.

Fonte: www.discoveryhealth.com

Por sua vez, a Escola de Saúde Pública da Universidade John Hopkins, também na União Americana, concluiu que as mães que trabalham fora têm 15% mais risco de sofrer de dores de cabeça que os homens. Assim, descobriu que os níveis dos hormônios do estresse diminuem nos homens quando chegam em casa, ao contrário do que acontece às mulheres.

Isso se deve ao fato de que quando elas chegam em casa, o estresse tende a manter-se (ou aumentar, caso tenham filhos), diferentemente do que acontece à maioria dos homens, que veem seu lar como um refúgio para descanso e relaxamento.

A maternidade começa a ser reconhecida cada vez mais como uma escola excelente para gerentes, cargo que exige muitas das mesmas aptidões: saber organizar, estabelecer um ritmo, equilibrar diferentes exigências, ensinar, orientar, dirigir, supervisionar, gerenciar os conflitos e fornecer informações.

HELGESEN

As mulheres têm maior predisposição para sofrer de doenças do sistema nervoso do que os homens. As razões desse fenômeno, embora não sejam totalmente claras, estão associadas à maior quantidade de mudanças hormonais que experimentam durante a vida.

A partir do ponto de vista que se for abordar, e sem querer apontar vítimas, o dilema de ser mãe e trabalhar fora não está totalmente resolvido. Por isso, as mulheres que trabalham e também se dedicam ao lar são verdadeiras heroínas.

"Ao voltar para casa depois do trabalho, sinto-me totalmente renovada. Aprendi a deixar o cuidado das crianças para mais alguém e a vida tem um sabor diferente. Mas conheço muitas mulheres que não podem se afastar de seus filhos; saem de casa todas as manhãs sentindo-se culpadas e sofrem, elas e as crianças", garante Estela Montero.

Renovar-se ou morrer?

A chegada das mulheres às filas dos trabalhadores remunerados mudou totalmente o conceito que se tinha da família. As crianças foram as principais vítimas desse fenômeno social: mães ausentes, pais ausentes, divórcios, separações, problemas econômicos, mães que permanecem estressadas, para citar apenas algumas características.

A solução perfeita não existe, mas o que está claro é que é necessário encontrar um equilíbrio para o desenvolvimento adequado de todos os integrantes da instituição familiar.

A família continua sendo uma referência primordial, ainda que se fale de crise na família e do crescente número de divórcios. Que bom que ainda não se perdeu de vista quanto precisamos uns dos outros!

Os pesquisadores sociais afirmam que a década de 1990 marca o renascimento da família como símbolo de estabilidade e posição social.

"Os pais desejam ter tempo livre para estar com a família; as mães que se sentem suficientemente seguras em sua carreira e que podem e desejam fazê-lo suspendem o trabalho durante alguns anos; algumas empresas grandes e pequenas reagiram de forma positiva e criativa diante das necessidades da família. Os pais participam cada vez mais. Desse modo, há um acúmulo de fatos que demonstram que os filhos das mães que trabalham se desenvolvem tão bem ou melhor que os das mães que permanecem em casa. A família começa a entrar em uma nova era de estabilidade", afirma o futurólogo John Nasbitt.

O mais importante da família é, no meu humilde ponto de vista, que graças a ela valorizamos o significado de aprender a viver e desfrutar da vida. Concordo com a doutora Riart quando afirma que a família deve aprender a se comunicar e desfrutar da convivência.

O divórcio foi convertido na fuga primária diante das dificuldades conjugais ou da família

O aspecto problemático, e até mesmo rotineiro relacionado às obrigações, sanções e renúncia, precisa mudar. Um ambiente assim não é apropriado para crescer, viver e compartilhar, e menos ainda para valorizar o sentido de unidade.

Considero-me uma defensora da família, mas de uma família renovada, de uma família na qual o trabalho dos pais e mães seja igualmente importante, da família na qual a mulher não vive cheia de culpas porque tem de trabalhar e deixar os filhos durante toda a tarde. Também creio na família na qual todos, absolutamente todos seus membros, têm de realizar uma tarefa doméstica.

Esclareço que o fato de acreditar no anterior e querer um modelo de família assim não significa que eu o tenha. Não. Minha família – ou seja, meu marido e meus filhos – respeitam e apoiam meu trabalho, mas Daniel é capaz de me interromper no momento de maior concentração no trabalho para perguntar onde estão seus fones de ouvido; Lucía também não tem dó: interrompe e me pede que brinque com ela porque seu irmão não quer fazê-lo. E nem é preciso falar dos trabalhos domésticos nos fins de semana: tudo é feito de má vontade. Para mulheres e homens os direitos e obrigações são exatamente iguais, e as crianças sabem perfeitamente disso.

> *A família abrange relações conjugais, de filiação e fraternais, que se modificam em função das mudanças. Ou seja, da mesma forma que os casais se formam e se relacionam, também se separam ou voltam a se unir. Da diversidade de formas e organizações familiares é determinada a estrutura dos lares.*
>
> Instituto da Mulher

A família é por excelência o campo das relações afetivas mais profundas e constitui um dos pilares da identidade de uma pessoa. Está em transição, isso não se pode negar. É uma instituição que foi profundamente tocada pelos acontecimentos econômicos, políticos e sociais ocorridos.

Hoje as famílias se encontram com intermináveis desafios e frustrações que as obrigam a reconsiderar os papéis que cada um de seus integrantes deve representar.

De acordo com Nora Jara, terapeuta familiar, existe muito pouco reconhecimento da importância da família, e ninguém faz nada para ajudar até que esta entre em crise ou chegue a níveis tão intensos de tensão que termine com a separação, o divórcio ou o filho que vai embora para sempre depois de uma forte batida de porta.

Certamente, a maioria dos estudos feitos sobre a família centraliza os problemas emocionais ou físicos – violência, uso de drogas, alcoolismo. Mas às famílias capazes de enfrentar eficazmente as tensões não é dado nenhum tipo de atenção, e acho que também deveriam ser apoiadas para que não tenham de chegar às situações de crise.

As mudanças na família, os novos papéis feminino-materno e masculino-paterno, as exigências profissionais e econômicas, a incerteza existencial e a complexidade da vida atual transformaram a família em uma instituição que não cumpre seu papel de socialização como antes e, então, atribui mais responsabilidade a escolas, clubes ou atividades extraescolares para as quais enviamos as crianças.

Renovar-se ou morrer? Eis a questão. E embora uma alta porcentagem das mulheres de minha geração veja no divórcio a melhor saída, eu continuo acreditando na família, mas insisto, renovada.

Perguntas

O papel das mulheres na vida social, política e cultural dos países mudou consideravelmente. Consideremos:

1. Ajo conforme os padrões tradicionais ou trato de me adaptar a essas mudanças como dona de casa, mãe e profissional?
2. Se sou uma mulher que trabalha fora de casa, perguntei-me se organizo meu tempo da melhor maneira possível? Sou eficiente em minhas diferentes responsabilidades?
3. Sinto-me uma supermulher? Assusta-me ser vulnerável e reconhecer diante dos demais que não posso ser uma mulher com múltiplas funções?
4. Cuido de minha saúde? Preocupo-me em visitar o médico pelo menos uma vez ao ano?
5. Dou à minha família tempo de qualidade? Desfruto do tempo que fico com meus filhos e meu marido?
6. Fiz alguma vez um inventário de minha família? Sei quem é quem e que papel cada um representa?

3

Quando a mãe trabalha

"Sou mãe e trabalho fora de casa" é uma expressão fácil de ser dita, mas o que há por trás dela, ser mãe e trabalhar fora de casa, não é nada fácil. Especialmente para essas mulheres que antes de sair para trabalhar devem ter cozinhado, fervido a mamadeira, vestido as crianças e realizado uma grande variedade de atividades necessárias antes de começar o dia de trabalho. Elas sempre são as primeiras a se levantar e as últimas a dormir.

"Meu dia começa às 5h30 da manhã e vou deitar às 11 da noite. Se dependesse de mim, iria para a cama muito antes, mas sempre há algo para fazer, desde dar comida às tartarugas até verificar se tem tudo de que preciso para preparar o lanche de meus filhos", diz Sara Ponce, mãe de duas crianças – de 11 e 7 anos – e gerente de um laboratório de medicamentos.

Cláudia Arias, secretária de uma editora, conta que, embora trabalhe só meio período, sempre faz o dobro em casa. "Acho que me falta um pouco de organização e preciso de muitas horas de sono. Durante as tardes, além de brincar com Javier e Carlos – seus filhos de 10 e 7 anos – tenho de ir ao supermercado, ajudar nas tarefas, lavar e passar roupa e fazer os demais serviços domésticos, como tirar o pó e varrer. Durante as manhãs, antes de ir para o trabalho, arrumo as camas e lavo a louça da hora do café da manhã. Minha sogra, que vive ao lado de minha casa, vem todos os dias preparar nossa comida, e nos fins de semana dedico-me à minha família."

> *As mulheres que trabalham e têm uma família são como malabaristas em um circo, sempre tentando manter no ar todas as bolas ao mesmo tempo.*
>
> Selesnick

Para escrever este livro, falei com muitas mulheres, que, por sua vez, convocaram outras para que me dessem seu testemunho. Então meu trabalho multiplicou-se. Muitas narraram sua experiência por meio de e-mail, e delas sobressaiu uma mulher que trabalha na área administrativa de um setor público, e que, na minha opinião, representa, dos pés à cabeça, as mães trabalhadoras: "Todas as noites tenho o firme propósito de ir para a cama no máximo às 10h30 da noite. Há dias – que são a maioria – em que às 11h15 continuo 'dançando' por toda a casa. Você sabe que não faltam os imprevistos, embora em minha casa já não se possa dizer que são imprevistos, mas formas de vida. Exatamente na hora em que vou me deitar toca o telefone e é minha irmã, uma amiga que quer falar com meu filho ou a ligação é para meu marido. Já que ainda não me deitei, lembro-me de que não há leite na geladeira e de que minha filha gosta de comer cereal com leite gelado; caso contrário, não come nada no desjejum. Então me levanto para providenciar o leite gelado.

Quando me disponho novamente a ir para a cama, lembro-me de que Joel, o pequeno, tinha me pedido para encapar um livro que ele tem de levar à biblioteca da escola. 'Como pude esquecer isso?', pergunto-me aflita.

Não sei por que acaso do destino, todas as noites surgem imprevistos. Finalmente vou me deitar e meu marido está assistindo à TV e quer, necessariamente, falar comigo sobre as notícias. O negócio é que vejo o relógio e fico agoniada ao pensar que conto com menos horas para dormir, porque devo estar de pé às cinco da manhã".

Uma das coisas por que mais agradeço em minha luta cotidiana como parte do grupo de mães assalariadas, é ter aprendido a valorizar as horas de sono, que não são cumulativas – o tempo de sono que se perde não pode ser recuperado.

Durmo muito cedo. É muito raro que esteja acordada depois das 9h30 da noite. Inclusive, há muitos dias nos quais Lucía e Daniel dormem depois de mim. Não me importa. Preciso e gosto de dormir. Antes, eu sempre era a última a deitar; agora não. Algumas vezes ligo para o Guillermo, meu esposo, para lhe pedir que chegue mais cedo que de costume e cuide das crianças, pois embora já não precisem de grandes atenções, é necessário verificar se escovaram os dentes e se foram ao banheiro antes de dormir.

Aprendi a dormir sem a menor culpa sobre meus ombros. Minha casa pode estar desabando; Lucía pode estar desesperada para terminar uma tarefa; meu marido pode chegar morto de fome por não ter comido nada desde cedo e, no entanto, não renuncio ao meu direito de dormir. Sou muito irresponsável? Não sei, o que sei é que mereço descansar.

Por gosto, vocação ou necessidade, as mulheres que trabalham devem pensar na melhor forma de lidar com as rotinas cotidianas do lar

Meu dia começa às 5h30 da manhã, me visto, preparo o café, acordo as crianças, levo-as à escola, vou trabalhar; vou ao supermercado, à lavanderia, ao banco fazer pagamentos, pego as crianças na escola, supervisiono as tarefas, ajudo meus filhos com os cinco animais de estimação que temos em casa, preparo o jantar para eles e ainda tenho de continuar trabalhando em meus assuntos pessoais. E pensar que há quem afirme que isso é fazer nada!

> *A única coisa que me deixa profundamente deprimida sobre a maternidade é ter perdido minhas possibilidades e capacidades de dormir.*
>
> UMA MÃE

Maribel Dominguez, empresária, afirma que para ela também não é simples. Esposa de um prestigiado escrivão e mãe de Maria e Andrés, tenta organizar seu tempo da melhor forma possível; para isso, conta com uma equipe de apoio que lhe permite trabalhar na empresa até 12 horas diárias: "Tento estar com meu marido e com as crianças basicamente nos fins de semana, mas se algum dia consigo escapar cedo do escritório, procuro fazer com que elas tomem banho, terminem seus deveres escolares e durmam cedo", afirma.

Para Dolores Castillo, gerente de um departamento de moda feminina de uma loja e mãe de Ana Paula, de 8 anos, é muito pesado combinar a maternidade com o trabalho profissional. A esse respeito, explica: "Ambas as atividades são trabalho de tempo integral e difíceis de combinar. É preciso encontrar um ponto de equilíbrio. Mas, sobretudo, deve-se contar com alguém muito responsável que cuide dos filhos".

Montserrat Borja, funcionária de uma companhia aérea estrangeira, nunca deixou de ir trabalhar, nem quando seu filho – que hoje tem 10 anos – era recém-nascido:

> Sempre gostei muito do meu trabalho e por isso não o deixei. Estou separada de meu marido e por isso é necessário que eu trabalhe. Meu filho está acostumado a ter uma mãe que trabalha. De fato, cresceu entre aviões, aeroportos e bagagens. Trabalho aproximadamente 11 horas por dia e, além disso, encarrego-me dos serviços domésticos. A rotina não é tão cansativa porque Jordi já é grande e me ajuda em tudo.

E você não trabalha?

Há alguns meses conheci uma mulher que, ao ser apresentada a um grupo de profissionais, com um tom de voz quase inaudível disse: "Eu não trabalho, dedico-me ao lar". Umas das profissionais perguntou-lhe: "Você não trabalha? Então, como chama o que você faz em casa?"

As mulheres de minha geração, que não são precisamente as que começaram com as ideias feministas, já não menosprezam as mulheres que ficam em casa. Provavelmente as feministas fundamentalistas as desdenharam, mas as que nasceram na década de 1960, e mais ainda as mais jovens, não tiram o mérito do trabalho doméstico.

Em seu livro *El éxito también es para las mujeres* (*O sucesso também é para as mulheres*), as autoras Margarita Hernández e Dolores Riva Palacio afirmam que é muito frequente ouvir uma dona de casa dizer: "Que sorte você tem por trabalhar", ou "pobre de você, porque tem de trabalhar". Aquelas que afirmam tal coisa não sabem que também trabalham, e talvez mais arduamente do que a quem invejam ou de quem têm pena.

A única diferença é que o trabalho da dona de casa não tem uma retribuição monetária e tampouco é reconhecido ou apreciado.

Por gosto, vocação, necessidade ou pela razão que for, o certo é que as mães que trabalham devem procurar sempre a melhor forma de lidar com a rotina cotidiana no lar.

A psicóloga Claudia Bravo sugere que durante os primeiros anos de vida dos filhos a mãe trabalhe somente se necessário. Depois de nove meses carregando o bebê no ventre, a separação é muito difícil para ambos. Ela sustenta:

> Minha opinião muito pessoal é que se o trabalho não for necessário, é melhor se dedicar à criação da criança. Esse é um trabalho maravilhoso, cujo prazer foi diminuído atualmente. Inclusive

trabalhei com mulheres que achavam que se encarregar dos filhos era um trabalho quase degradante.

Naturalmente, não sou contra as mães que trabalham. Entendo-as porque sou uma delas. Mas se for necessário trabalhar, talvez o mais conveniente seja procurar um emprego que deixe tempo suficiente para estar com os filhos. Muitas mães afirmam que, mais do que a quantidade, o que importa é a qualidade do tempo que passam com eles, mas muitas vezes os pequenos não entendem assim e exigem uma mãe em tempo integral.

Outro problema que pode surgir quando a criação fica nas mãos de um terceiro é que este pode educar a criança de uma maneira diferente da dos pais; é aí que se entra em um grave conflito.

Quando a mãe trabalha e não pode dedicar seu tempo completo à educação de seus filhos, surgem novos dilemas a respeito da capacidade e atenção que as crianças receberão por parte de seus cuidadores

---

Norma Cantón, mãe de duas crianças de 5 e 14 anos, está convencida de que seu trabalho – como responsável pela tesouraria de uma empresa fornecedora de papel – beneficia economicamente sua família e lhe proporciona a vantagem adicional de enchê-la de energia para chegar em casa e ver as coisas de um modo diferente.

"Você pode dedicar muito tempo aos filhos, mas isso não significa necessariamente que seja tempo de qualidade. Realmente acredito que o fato de trabalhar fora de casa é uma forma de melhorar a relação mãe-filho", garante.

> *O trabalho ocupa um lugar fundamental na medida em que determina não somente o bem-estar material, mas também o bem-estar psíquico das pessoas, além de ser um fator-chave de integração social.*
>
> RICO

Laura Salinas, advogada com vasta experiência em levar divórcios aos tribunais, afirma:

> Embora cada vez menos, ainda existe a cultura de que a mulher é quem deve cuidar da casa e dos filhos e o papel do marido deve ser reduzido ao de provedor dos bens materiais. Por isso, achamos estranho que as mães, além de sua função como mães, tenham aspirações profissionais.
>
> Acho que é importante pensar seriamente no fato de que o homem tem os mesmos direitos que a mulher com relação aos filhos. Com esses padrões, a única perdedora é a sociedade, já que é uma conduta que se repete de geração a geração.

Mãe, e quem vai cuidar de mim?

Encontrar o ponto de equilíbrio entre a necessidade de trabalhar, a segurança emocional e o bem-estar do bebê é uma fonte de ansiedade crescente entre as mães que trabalham, que só encontram alívio quando uma pessoa de confiança se encarrega de cuidar bem do bebê.

No documentário "O cuidado infantil: as necessidades das mães trabalhadoras e seus filhos" ("Child Care: Meeting the needs of working mothers and their children"), a pesquisadora Kathryn Tolbert apurou que na sequência da crise econômica dos anos 1980, muitas mulheres mexicanas perceberam a necessidade de entrar no mercado de trabalho. A maneira como algumas delas solucionaram o problema do cuidado dos filhos foi levando-os ao trabalho, deixando os menores com algum parente, vizinho, ou, ainda que por curtos períodos, deixando-os sozinhos.

A necessidade econômica, a migração para outras regiões do país e as mudanças que sofreram os padrões sociais fizeram da família de alguns dos cônjuges um recurso cada vez menos frequente para ajudar no cuidado dos menores enquanto a mãe trabalha. "As avós, importantes como mitos e quando realmente cuidam dos netos, estão presentes em muito poucos casos", explica Tolbert.

É uma realidade que existem cada vez menos avós disponíveis para cuidar dos netos, e as razões são que elas também trabalham, não vivem perto de nós ou simplesmente já não têm paciência. Este último é o meu caso. Além disso, também há desvantagens no fato de serem os avós os responsáveis pela educação das crianças.

O caráter e as oportunidades na vida das mulheres mudaram significativamente nas décadas recentes, mas as antiquadas expectativas da maternidade não foram modernizadas.

PETERS

Antonieta Cevallos, mãe de Isabel, de 3 anos, trabalha em período integral. Ela explica: "Uma das dificuldades que enfrento está relacionada com o cuidado diário de minha filha. Tenho sorte que minha mãe cuida dela praticamente desde que nasceu; entretanto, acho que os avós deixam que ela faça o que quer e isso não está certo, é necessário colocar limites. Quando meu marido ou eu tentamos discipliná-la, a menina se confunde e não entende nada. 'Por que posso fazer tudo o que quero com os avós e não quando estou em minha casa com meus pais?', ela certamente se pergunta. O fato de ter duas figuras de autoridade a confunde. Mas no momento não posso fazer nada".

No México, e na América Latina em geral, o maior problema que as mulheres que trabalham enfrentam é que, em quase todos os casos, não há instituições ou pessoas que cuidem dos filhos; e enquanto for assim, as mulheres terão não somente de encarar limitadas opções de trabalho, mas também salários pouco atraentes.

Marta Patricia Conde é oftalmologista e teve de renunciar à oferta que lhe fizeram para ser diretora de um hospital especializado no ramo porque não tinha quem a ajudesse a cuidar dos seus filhos, David e Aranza, que não são muito pequenos (9 e 11 anos), mas ainda precisam dela à tarde para fazer as tarefas. O melhor é que ela tem suas prioridades perfeitamente claras: primeiro as crianças. Seu salário é necessário em casa, mas ela garante que o principal provedor é o marido.

"O fato de não contar com meu salário nos impede de fazer certas coisas, como viajar, sair para jantar ou almoçar, mas isso na realidade não é tão grave", diz essa tranquila doutora.

Elvira Rojas também é médica e sua paixão pelo trabalho que realiza como otorrinolaringologista levou-a a ter muitos problemas com seu ex-marido: "Trabalho o dia inteiro e realmente vejo pouco meu filho – Eduardo, de 11 anos; minha mãe me ajuda muito com ele. Ela o apanha na escola, prepara-lhe o almoço, leva-o aos treinamentos de futebol. Mas meu ex-marido está querendo tirar a guarda de mim, porque alega que não cuido do garoto e que, na verdade, só o mantenho comigo para causar irritação nele e na sua atual mulher. Surpreende-me a rapidez com a qual as pessoas podem opinar. Sei que muitas mães da escola de meu filho me criticam por trabalhar o dia inteiro e acham que Lalo seria mais bem cuidado por seu pai e sua nova mulher".

Em quase todos os casos, as mulheres trabalham por necessidade. Entretanto, seria incorrer em um erro não reconhecer que muitas o fazem porque querem se realizar em um contexto diferente do lar.

Hernández e Riva Palacio afirmam que a mulher que trabalha por iniciativa própria decidiu enfrentar os desafios que as demandas do mundo profissional lhe impõem e converter-se, assim, em uma pessoa responsável e comprometida em realizar todas as tarefas exigidas, inclusive as que foram consideradas estritamente masculinas.

O homem e a mulher nascem iguais, a sociedade encarrega-se de diferenciá-los.

Anônimo

Mónica Mistretta, empresária editorial, é um bom exemplo de mulher bem-sucedida. Mãe de dois adolescentes, nunca deixou de trabalhar e hoje goza de muito prestígio em uma área profissional liderada pelos homens, como é o mundo da computação; está casada faz mais de 15 anos e seus filhos são um casal de jovenzinhos centrados, independentes e muito solidários com ela.

> Algumas mães pensam que somente por não se separar de seu filhos e estar preocupadas com eles estão desenvolvendo adequadamente seu trabalho

Mónica explica o seguinte:

> Geralmente, o esquema tradicional é que a mãe fique em casa cuidando das crianças e o marido saia para trabalhar. Por isso é tão difícil assumir outros papéis, como o do marido que permanece em casa e cuida da administração do lar, enquanto a mulher converte-se no provedor econômico principal.
>
> Meu marido tem um escritório em casa e isso me deixa mais tranquila, já que sua presença ali é importante.
>
> Foi complicado para ambos assumir nossos novos papéis, e o fato de eu ter suficiente liberdade para viajar ou nunca almoçar em casa não é muito comum. Não trabalho por gosto; sei que tenho um papel econômico fundamental para a família, e isso é uma responsabilidade enorme com a qual as mulheres não estão acostumadas, a menos que estejam divorciadas, separadas, viúvas ou sejam mães solteiras.

Em geral, pode-se dizer que quando trabalhamos, a ajuda masculina nos trabalhos domésticos e na criação dos filhos nos faz sentir melhor. Laura Elena Berumen descreve isso muito bem: "O fato de José Ángel, meu esposo, chegar antes de mim em casa, verificar as tarefas das crianças e fazer com que elas tomem banho me faz sentir muito mais tranquila. Você não imagina com que gosto preparo o jantar para todos. Conseguir isso levou tempo, porque as mulheres sempre têm a terrível tendência de se sentir culpadas. Frequentemente pensava: 'Pobre do meu marido, trabalha o dia inteiro e ainda tem de cuidar das crianças e de suas tarefas'. Entretanto, um dia pensei: 'Pobre de mim, trabalho o dia inteiro e quando chego tenho de organizar a vida de minha família'. Falei com ele sobre isso um ano depois e senti-me livre dos meus fantasmas de culpa".

Irene Montes, especialista em terapia de casal, afirma que é muito importante que o homem e a mulher falem. As coisas devem ser discutidas a fundo. Irene explica:

> Tenho o caso de um casamento no qual, quando ela informou a seu marido que iria voltar a trabalhar, depois de três anos dedicando-se à pequena Camila, ele concordou e, inclusive, disse-lhe que a ajudaria nos trabalhos domésticos para que fossem menos pesados.
>
> No entanto, há poucos meses ele começou a se queixar de que a casa era uma desordem, que a menina estava muito ressentida e que a comida não era a mesma.
>
> Sem dúvida, nosso personagem desejava contar com o salário de sua esposa, mas não queria sofrer nenhum tipo de aborrecimento causado por esta situação.

Uma sugestão que funcionou muito bem em casos como esse foi renovar a divisão de tarefas a cada período.

Pesquisadores da Universidade de Princeton, nos Estados Unidos, fizeram um estudo no qual se demonstrou que a sensação de apoio e validação que a mulher tem quando o marido a ajuda nas tarefas domésticas é transferida diretamente para suas funções maternais. Ficou comprovado que quanto mais apoio o marido oferece, mais sensível é a conduta da mãe para com os filhos.

Em estudos similares, a doutora Ellen Hock, pesquisadora da Universidade de Ohio, concluiu que para as mulheres que consideram que "ser uma boa mãe" significa não se separar da vida de seus filhos nem incluir a presença de outros adultos nos cuidados diários, trabalhar fora de casa é um verdadeiro conflito.

Essas mães são muito mais propensas a ver problemas onde não há e a reagir de maneira inadequada em momentos de tensão.

> *O trabalho de uma mulher fora de casa poderá, efetivamente, resultar de diversas maneiras em benefício da família, em primeiro lugar porque isso facilita o diálogo aberto e a compreensão entre o marido e os filhos.*
>
> Burggraf

"Um exemplo do que foi mencionado anteriormente foi o fato de que as mães que sentiam conflito ao trabalhar, sem se dar conta intensificavam os protestos dos filhos no momento de se despedir deles. Por seu próprio sentimento de culpa, tendiam a angustiar-se ou a se desculpar excessivamente diante de tais protestos. E como esses dois tipos de resposta costumam incentivar a ansiedade da criança diante da separação, frequentemente as despedidas terminavam em prantos e gritos. Por sua vez, as mães que acreditavam no que estavam fazendo transmitiam essa confiança às crianças. Ao ver que sua mãe estava convencida de que a despedida não era motivo de alarme, a criança chegava a pensar: 'Bom, se minha mãe acha que está bem, então que vá, pois ela deve saber o que é certo'", expressam Sanger Sirgay e Kelly John em seu livro *La madre que trabaja* (*A mãe que trabalha*).

Se somos mães que trabalham fora de casa, talvez fosse conveniente que nos perguntássemos se sentimos muita ansiedade ao nos despedir de nossos filhos a cada manhã, ou se a pessoa que toma conta deles ou lugar onde ficam não nos convencem totalmente, o que provoca mudanças frequentes. Também deveríamos verificar se no fundo nos sentimos culpadas ou ineptas para ser mães.

"É tão grande a culpa que sinto a cada manhã ao me despedir de minha filha para ir trabalhar que a converti em uma menina muito medrosa. Não quer se separar de mim em nenhum momento. Quando volto para casa, não me deixa fazer nada relacionado com as atividades domésticas porque quer estar em meus braços ou que eu brinque com ela. Então me sinto ainda mais culpada porque falho como mãe e como dona de casa", comenta Mónica Fernández, mãe de um bebê de 2 anos e designer gráfica em uma agência de publicidade.

O doutor Óscar Martínez, ginecologista, afirma que muitas de suas pacientes vão consultá-lo em estado depressivo ou de muita ansiedade porque não são realistas quanto aos seus objetivos:

querem trabalhar e ser mães sem nenhuma falha em ambos os aspectos. A esse respeito, o especialista diz: "Parte do estado de tensão no qual vivem minhas pacientes que trabalham e têm filhos pequenos se deve a que tudo fica infinitamente mais difícil e acabam se sentindo oprimidas. Tampouco são capazes de diferenciar entre uma tarefa e outra; fazem tudo de forma acelerada e aplicam o mesmo nível de esforço".

Vamos cuidar de nosso corpo

Há quase uma década, o Instituto Poal de Reumatologia de Barcelona realizou um estudo clínico com cinco mil pacientes entre 20 e 80 anos para analisar os processos degenerativos do corpo humano. Os médicos descobriram que as mais afetadas pelo desgaste ósseo eram as mulheres acima dos 40 anos que cuidavam da casa e trabalhavam fora dela. Essas mulheres não contavam com apoio de nenhum tipo para os serviços domésticos.

"Quase todos os movimentos que realizamos de forma repetitiva enquanto fazemos as tarefas do lar convertem nosso esqueleto e nossos músculos em áreas catastróficas: passar pano no chão acarretando lesões cervicais, lombares e articulares de caráter degenerativo.

Conforme apontam os especialistas, ao desgaste ósseo unem-se o desânimo, a depressão e a insatisfação; por isso a mulher sofre uma desordem nos neurônios e seus músculos tornam-se mais propensos a sofrer lesões."

Vamos aprender a delegar tarefas

Delegar parece muito complicado, sobretudo para as mulheres que, como eu, acreditam que ninguém pode fazer as coisas tão bem quanto elas mesmas. Minha família não é, de maneira nenhuma, colaboradora com os trabalhos domésticos, mas na verdade poucas são. O fato de a mãe trabalhar o dia inteiro não necessariamente implica que tenha uma distribuição igualitária do trabalho caseiro. Os filhos e as filhas aprenderam, por meio dos modelos familiares, que as tarefas do lar são exclusivas da mãe. Seria conveniente sensibilizar cada vez mais as famílias sobre as obrigações e os direitos de cada um de seus membros.

Adela Casar, mãe de três crianças com menos de 12 anos e executiva financeira, afirma que a culpa de persistirem esses modelos em que a mãe é a principal responsável pela casa é delas mesmas: "Penso que o fato de não educarmos nossos filhos de maneira igualitária lhes impede de ter uma vida autônoma e independente quando crescem. Tenho escutado a mim mesma dando à minha filha Emilia respostas como: 'Filhinha, seu irmão é homem, e é você quem deve fazer isso'. Patético, não?"

Aurora Nájera, mãe de dois adolescentes e uma garota de 8 anos, concorda e afirma que muitas vezes inclusive ela não permite que seus filhos façam trabalhos que poderiam realizar sem problema, como arrumar suas camas: "Sinto-me tão culpada por trabalhar fora de casa que evito dar tarefas adicionais aos meus filhos. Quando estou a ponto de pedir que eles me ajudem em algo, imediatamente penso: 'Melhor não aborrecê-los; que eles se dediquem a fazer suas coisas'."

Reconhecendo isso ou não, fomos educadas para cuidar dos demais. Lembro-me de quando era pequena e estávamos todos sentados comendo. Se algum de meus irmãos – homens – queria algo, meu pai ordenava que uma das mulheres lhe trouxesse. "Vocês são as mulheres", ele dizia. Assim fui educada e a maioria das mulheres de minha geração também, por isso nos custa muito delegar responsabilidades e pedir a nossos filhos e ao nosso marido que cooperem.

"A mulher foi ensinada a ser condescendente... em geral, a colocar como prioridade os interesses familiares e ser altruístas para atingir as metas, afastando-a de oportunidades que lhe pertencem. As mulheres se submetem em sua ânsia de conciliar, proteger ou pôr os interesses dos demais em primeiro plano, antes dos seus", explicam Hernández e Riva Palacio.

Os rótulos "supermães" e "supermulheres" confundem não apenas os integrantes das famílias, mas também criam estigmas incoerentes quanto ao desempenho físico das mulheres

Toda família funcionará melhor na medida em que a distribuição de responsabilidade for menos rígida, e que não se considerem as atividades como masculinas ou femininas.

HERNÁNDEZ E RIVA PALACIO

"Muitas vezes, meu marido quer ajudar-me, mas eu, de maneira muito sutil, digo-lhe que não se incomode porque, quando ele faz as coisas da casa, estas não ficam muito caprichadas", explica Beatriz Yáñez, educadora e mãe de três crianças de 7, 10 e 12 anos.

Essa mentalidade e as mensagens contraditórias que enviamos a nossos companheiros, no sentido de que precisamos de sua ajuda, mas ao mesmo tempo fazemos com que pensem que podemos fazer tudo sozinhas, influenciaram notavelmente, em minha opinião, no fato de que eles não tenham muito boa disposição para os serviços da casa. Claro, não podemos generalizar, mas pode-se dizer que acontece em muitos casos.

Alejandro e Brenda têm uma filha de 1 ano. Ambos trabalham e ela, diferentemente de muitas mulheres, considera que seu marido faz as coisas melhor do que ela.

"Por exemplo, no que se refere aos cuidados de Valentina – sua filha –, Alejandro é mais paciente e não se angustia como eu. Chega cedo todas as noites para dar banho e o jantar para a menina. Para mim representa um momento de tranquilidade, já que aproveito para pôr em dia certos aspectos da casa."

Acho que o melhor é deixar que os homens aprendam e passem a assumir certas tarefas relacionadas ao lar e ao cuidado das crianças. Certamente não farão as coisas como queremos, mas talvez fosse conveniente deixar de lado os preconceitos e parar de sonhar com uma casa impecável como as que aparecem nas revistas de decoração. Sejamos realistas, precisamos do apoio de outro adulto para criar nossos filhos e fazer os serviços domésticos. Não somos supermulheres nem supermães, vamos tirar de nós mesmas esses rótulos e mostrar a todos que somos simplesmente seres humanos cuja resistência física e emocional tem limites.

> *Delegar tarefas é uma arte que necessita do uso de estratégias de lenta evolução: para ensinar o marido e as crianças a negociar, é necessário armar-se de paciência e não perder o controle.*
>
> Fuentes

Essa será a melhor forma de educar nossos filhos e deixar para eles uma sociedade mais igualitária.

Ainda estamos longe de ter uma sociedade na qual, assim como o homem e a mulher contribuem com seus salários para a manutenção do lar, as atividades domésticas também são divididas de maneira igualitária.

É comprovado que as mulheres dedicam quase 48 horas por semana ao trabalho doméstico, sem remuneração, e os homens, 11. Mesmo nas últimas três décadas, quando as mulheres elevaram de forma considerável sua participação na economia e saíram para o mercado de trabalho remunerado, muitas ainda continuam a fazer todo o trabalho doméstico: limpar, cozinhar, lavar e passar roupas. Em contrapartida, a quantidade de homens que realizam essas atividades é substancialmente menor. Sem querer negar as mudanças ocorridas na divisão sexual do trabalho, atualmente continua sendo um fato que a maior contribuição da mulher se circunscreve ao trabalho do lar.

Medidas em horas, a situação é próxima da seguinte: as mulheres dedicam 48 horas por semana ao trabalho doméstico; 15 a

20 ao trabalho externo; 7 para educação; 16 a 20 para atividades recreativas dentro da residência; somente 4 horas para recreação fora do lar e 6 para assuntos esportivos ou culturais.

A mãe não deve ser medida em quantidade, mas em qualidade. Se quando você está em casa consegue desconectar-se de seu trabalho, dedicando-se totalmente aos seus filhos, brincando com eles, preocupando-se com as coisas deles, perguntando-lhes sobre suas inquietações, seus filhos vão querer que você trabalhe, porque eles veem que você está melhor.

UMA MÃE QUE TRABALHA E NÃO SE SENTE CULPADA

Quanto aos filhos, as mulheres utilizam 32 horas por semana para cuidar deles, enquanto os homens destinam apenas 12 de suas horas semanais a essa tarefa.

O que deve ser ensinado aos filhos é que o trabalho de casa é um trabalho de colaboração. Todos temos uma tarefa no lar, a deles pode ser, por exemplo, organizar seu quarto, ou pôr a louça na máquina de lavar louça, e fazer com que eles se responsabilizem por essas tarefas.

UMA MÃE QUE TRABALHA E NÃO SE SENTE CULPADA

Margarita Salas, pediatra e mãe de três crianças de 3, 6 e 9 anos, afirma que para evitar que os trabalhos da casa e o cuidado das crianças se tornem cansativos, é necessário muita organização e distribuição das tarefas. “Recebo satisfeita o apoio de meu marido, embora ele não saiba lavar louça adequadamente e compre bananas mais verdes que um limão; meus filhos, por sua vez, sabem que devem colocar de volta tudo que retirarem de seu lugar. É o melhor caminho que encontrei para facilitar minha vida", explica.

Conselhos para as mães que trabalham

A seguir apresento uma série de conselhos que poderiam ser muito úteis a todas as mulheres que trabalham fora de casa:

- Organizar muito bem o tempo dentro e fora do lar, estabelecendo horários de refeições, limpeza, recreações e outras atividades.
- Munir-se de paciência, assumir que é difícil a dupla jornada de trabalho e não se desesperar pelo que deixar de fazer.
- Não descarregar nos filhos as frustrações provocadas por problemas no trabalho. É preferível dar um pequeno passeio antes de chegar em casa para relaxar a gritar com eles, descontando os problemas que teve no trabalho.
- Trabalhar somente se for estritamente necessário durante o primeiro ano de vida da criança.
- Sempre que possível, contar com ajuda para fazer os trabalhos domésticos. Caso não seja possível, dividir em vários dias a limpeza da casa. Não é necessário lavar diariamente ou limpar os banheiros a cada 24 horas. Escolher antecipadamente um dia para lavar, outro para passar roupas e outro para cozinhar.

- Se seus filhos tiverem mais de 3 anos, tente integrá-los aos serviços domésticos. As crianças adoram copiar o que a mãe faz e sentem-se felizes quando alguém lhes pede ajuda.
- Tirar de nossa cabeça que somos as únicas que podem fazer as coisas caprichadas, especialmente quando se trata de trabalhos domésticos.
- Se tivermos de deixar nossos filhos com os avós ou com alguém alheio à família, vamos pensar sobre o tipo de educação que queremos para eles. Falar claramente, sem temor de ferir suscetibilidades; fazendo isso, é possível evitar muitos desgostos e confusões.
- Pedir ao nosso cônjuge que nos ajude, mas fazê-lo com clareza e sem rodeios. Em geral, os homens mostram muito boa disposição quando pedimos as coisas diretamente.
- Se nosso cônjuge tem de trabalhar o dia inteiro, isso não deve ser motivo de aborrecimento nem desespero. Talvez possamos chegar a acordos para dividir as tarefas nos fins de semana.
- Desfrutar tanto do trabalho que fazemos fora de casa quanto do tempo que temos para estar com a família. Lembremos que é uma questão de disciplina se uma atividade nos é agradável ou não.
- Não sentir culpa por ter de trabalhar fora de casa. O pior que podemos transmitir a uma criança pequena são os sentimentos de culpa.
- Não pretender ser uma supermulher. Esqueça-se de querer ser a melhor mãe, a melhor dona de casa, a melhor esposa, a melhor anfitriã. Esses estereótipos que colocamos em nós mesmas tornam-se muito frustrantes, além de inúteis.
- Aprender a atribuir responsabilidades no lar.
- Falar muito com nosso marido e filhos; essa é a melhor forma de estreitar as relações familiares.

Perguntas

Temos de ser conscientes do que acontece quando saímos para trabalhar. Temos também de proporcionar aos nossos filhos meios para não atrapalhar suas atividades quando estamos fora:

1. Como é um dia em minha vida cotidiana?
2. Delego a meus filhos responsabilidades que eles já poderiam assumir ou sou como as mães que acham que eles terão suas próprias obrigações quando crescerem?
3. Se sou uma mãe que não trabalha fora de casa, valorizo meu trabalho doméstico ou o menosprezo e sinto-me inferior às demais mulheres por não trabalhar?
4. Como vejo as mulheres que trabalham?
5. Se sou uma mulher que trabalha fora de casa, conto com pessoas que me apoiam para cuidar de meus filhos? Seleciono adequadamente o lugar no qual meu filho passa o tempo que não estou com ele?
6. A culpa que sinto por trabalhar fora de casa me torna condescendente em relação a meus filhos ou assumo como parte natural de minha vida e exijo respeito e colaboração?

4

Cuidado com a culpa

Depois de muito pensar em sua resposta, Claudia Fonseca, mãe de Luis Mario, um simpático garoto de 10 anos, pediu mais café à garçonete e me disse:

> Tinha tanta certeza de voltar a trabalhar que jamais passou pela minha cabeça um sentimento de culpa, mas eram tão grandes as pressões familiares que verdadeiramente comecei a sentir que estava cometendo um delito ao deixar meu bebê de 3 meses em casa com uma empregada doméstica. Trabalhava apenas meio período, e assim ficava com a criança a tarde toda. Não havia nenhuma razão para me sentir mal. Entretanto, minha mãe e minhas duas irmãs não deixavam de me enviar mensagens de duplo sentido para ver se me fisgavam e eu renunciava ao meu emprego. Sei que elas adoram meu filho e não o faziam por maldade, mas você não imagina como me incomodaram. Nunca renunciei ao meu emprego, mas depois que o bebê completou 5 anos me separei desse sentimento de culpa familiarmente imposto.

Erika Villalpando, mãe solteira, afirma que o sentimento mais terrível para ela é a culpa: "E eu a vivo duplamente. Por um lado, meu filho não conhece seu pai e, por outro, tenho de me ausentar o dia inteiro para poder sobreviver economicamente". Trabalha como garçonete em uma conhecida rede de cafeterias e conta com o apoio de sua mãe, que cuida da criança. "Ele começa a me perguntar sobre seu pai e tento explicar que existem famílias diferentes: em umas há pai e, em outras, não, mas sei que isso o deixa triste e me sinto realmente culpada. Entretanto, aprendi a administrar esse sentimento, e tento convencer-me de que não sou nem a primeira nem a última mãe solteira que trabalha para sobreviver", afirma.

Com nossas confusões e rotinas, nossas frustrações e satisfações, nossos fracassos e sucessos, modelamos toda a visão de vida dos nossos filhos.

DOTTERWEICH

A insegurança, a falta de apoio, os preconceitos culturais que existem quanto à maternidade e ao trabalho – quando nosso salário não é indispensável no lar – criam em nós constantes dúvidas que nos martelam a cabeça e fazem com que hesitemos sobre se o que estamos fazendo é o melhor. Inclusive, com nossos colos de mães abnegadas e submissas, muitas vezes pensamos que a única coisa importante é a saúde emocional dos filhos e, assim, renunciamos a nós mesmas com a ideia de que nosso lugar é em casa, junto da família.

Naturalmente, o bem-estar de nossos filhos é fundamental, mas o nosso também. Se não estivermos bem, os filhos tampouco estarão. Ir trabalhar com culpa é algo que definitivamente devemos eliminar de nossas vidas: faz com que nos sintamos mal, tira a nossa concentração, impede que tenhamos um rendimento máximo de nossas capacidades e em pouco ou nada beneficia nossos filhos.

No entanto, não existem estudos profundos que demonstrem a relação causa-efeito entre o trabalho feminino e a sensação de abandono que nossos filhos podem sofrer; muitas mães são perseguidas cotidianamente pelo sentimento de culpa.

Laura Romero, mãe de duas meninas de 12 e 9 anos, é diretora de recursos humanos de uma conhecida empresa de produtos para o lar: "Quando estou no trabalho me sinto mal por não estar com as meninas em casa, ou acompanhando-as em suas aulas extraescolares. Mas quando estou com elas penso em todo o trabalho que tenho pendente no escritório e sinto que não estou dando a devida atenção a ele. É terrível viver sem desfrutar nem do trabalho nem de minhas filhas", conta.

Os preconceitos sociais também são importantes ingredientes que contribuem para reforçar nossos sentimentos de culpa.

As mães que trabalham são alvo de críticas e afirmações injustas. Estudos demonstraram indicadores de ansiedade e dor física quando precisam se separar de seus filhos

---

Luisa Serrano é uma profissional muito reconhecida que acaba de ser nomeada vice-presidente da empresa para a qual presta seus serviços há oito anos. Tem dois filhos, um de 14 e uma menina de 10 anos. Divorciou-se há quatro e foi muito criticada por pessoas do seu convívio, já que pensam que "preferiu se desenvolver profissionalmente" em vez de cuidar de sua casa, do marido e de seus filhos.

"Jesus, meu ex-marido, jamais compreendeu o quão importante para mim era o trabalho. Além disso, nunca senti ter abandonado meus filhos nem a casa pelo trabalho. Simplesmente, não pôde viver com a ideia de que eu tivesse um salário melhor e não me queixasse de minhas jornadas duplas de trabalho. Começou a ver defeitos em mim por todos os lados, até que decidimos que o melhor seria o divórcio. Mas definitivamente minha sogra encheu a cabeça dele de preconceitos contra mim", comenta.

De acordo com a definição que aparece no dicionário, a palavra *culpa* quer dizer "falta mais ou menos grave". Não acho que, pelo fato de trabalhar, a mulher esteja cometendo uma falta e, menos ainda, grave. Mas essa é a ideia que nos venderam durante muitos anos e, inclusive, muitas mulheres que têm acesso à universidade afirmam, sem a menor inibição, que estudam antes de se casar. O que significa que enquanto tiverem marido e filhos suas vidas profissionais não lhes servirão de nada.

O melhor é que, assim como muitas de nós defendemos com unhas e dentes nosso direito de trabalhar, elas defendem seu direito de ficar cuidando de filhos, e há outras ainda que desejariam não ter de trabalhar, mas as circunstâncias econômicas e sociais as obrigam a fazê-lo. O mais importante é que cada uma defenda aquilo em que acredita, mas não questione o que as outras fazem, contanto que não lhe afetem pessoalmente.

"A mulher de hoje", afirma Hernández e Riva Palacio, "sente-se culpada por deixar seu lar enquanto trabalha, porque não lhe sobra tempo, em função dos compromissos profissionais e sociais que são criados em seu trabalho, por não poder ir à escola de seus filhos, a uma reunião de pais; por não poder preparar a refeição todos os dias – como Deus manda; porque se esqueceu de ir ao supermercado ou porque foi e não comprou manteiga; porque chega cansada e não tem energia suficiente para brincar com seus filhos ou porque não conseguiu fazer a tarefa com eles; por não poder ser uma mãe em tempo integral, enfim, culpada por trabalhar".

> *O trabalho foi convertido em um lugar onde a mulher passa todo o dia e que se deixa à tarde para ir para casa, ou seja, para o trabalho número dois: cozinheira, empregada doméstica, dona de casa e babá.*
>
> Anônimo

As mulheres que trabalham são alvos de críticas que vêm de todas as direções. Quantas de nós não escutamos a famosa frase: as famílias estão se desintegrando porque agora as mulheres trabalham? Valeria a pena que quem questiona dessa forma as mulheres que trabalham perguntasse a si mesma sobre seus próprios sentimentos. Já foi provado que as mulheres que trabalham e têm de deixar seus filhos também atravessam períodos de ansiedade e sentem muito a separação. Desse modo, a rotina diária, que implica tentar conciliar filhos e trabalho, junto com a culpa que sentem, converte-as em presa fácil das doenças de nossa época: ansiedade, estresse, depressão e problemas de digestão.

Sanger e Kelly afirmam, em pesquisas que realizaram, que na maioria dos casos é a culpa e não o trabalho o que vai reduzindo gradualmente a sensibilidade materna, uma vez que cria preocupações ou conflitos entre ambos os papéis. Isso se deve a três crenças a respeito da perfeição materna:

- As mães têm sempre que agir de maneira impecável. Pensar assim leva à certeza de que uma criança "ficará com problemas irreparáveis" se sua mãe de repente perder as estribeiras, não a compreender, esquecer-se de se despedir dela ou enviá-la para uma creche ou para o jardim de infância com calças sem passar e meia que não é o par da outra. As pesquisas confirmam que as crianças são muito resistentes e podem sobreviver diante de tal preconceito.
- O dever fundamental de toda mãe que trabalha é proteger seu filho da tensão. Certamente, os filhos de mulheres que trabalham fora de casa estão sujeitos a certa tensão, mas esta, conforme pesquisas realizadas no Reino Unido, são benéficas e fazem com que as crianças amadureçam. O doutor T. W. Moore acredita que o maior grau de independência e segurança que encontrou nos filhos de mulheres que trabalham é resultado direto de eles terem conseguido administrar com sucesso as tensões menores em torno deles.
- As mães devem saber de tudo. Isso é absolutamente falso e a mulher que aceita e incorpora a seu estilo materno a ideia de que é um ser humano falível desenvolve flexibilidade e sensibilidade essenciais para uma afeição segura.

Gostaria de acrescentar outro ponto: a crença errônea de que as mulheres que são mães e fazem parte do mercado de trabalho são supermulheres. O mais importante, segundo estudiosos, é a relação que a mãe estabelece com seu filho: "Não é a mesma coisa dar pão e dar pão com mel à criança".

"A segurança, a confiança, a competência, o humor e a curiosidade – todas qualidades que são importantes para o bom desenvolvimento da criança – não surgem do que uma mulher faz com seu filho, mas de como ela o faz; em outras palavras, de sua sensibilidade e habilidade para se relacionar e interagir", afirmam Sanger e Kelly.

Sem margem de dúvida, a culpa é um dos sentimentos mais comuns que as mães que trabalham enfrentam. Muitas consideram que por não estar com seus filhos pequenos em tempo integral não são tão boas mães como gostariam ou poderiam.

O desenvolvimento das crianças não é alterado se a mãe trabalha ou não. Por outro lado, o sentimento de superação e respeito do qual gozam ou carecem influencia significativamente as bases educativas

---

Chegamos a uma situação em que os pais estão empregados, mas o mercado de trabalho não leva em conta que nós temos responsabilidades familiares.

Moss

Letícia Gómez, mãe de um filho de 12 anos, é divorciada e trabalha como secretária em uma companhia aérea, reconhece que algumas vezes teve de deixar seu filho com febre para ir trabalhar, o que a angustiava muito: "...Há algum tempo consegui superar meus sentimentos de culpa. O melhor que tenho feito é considerar a situação e aceitar que trabalho por necessidade e não por gosto. Trabalho por algo que irá beneficiar meu filho, que vai melhorar seu nível e sua qualidade de vida. Nenhuma mãe trabalha por maldade ou para incomodar sua família".

Também Claudia Velázquez, mãe de duas crianças de 10 e 7 anos, sentiu culpa por ter de deixar seus filhos durante o dia inteiro, mas garante que tudo o que tem é para eles e que por isso já não se sente mal por ter de trabalhar: "Uma boa forma de amenizar as culpas geradas pela necessidade de trabalhar e deixar os filhos é pensar que, ao fazê-lo, a mãe está buscando uma vida melhor para eles. A todo tempo há sentimentos de culpa, embora em diferentes graus. Quando me sinto mais culpada é quando estou no escritório e vejo que já são 19h30 da noite. Penso que perdi mais um dia de minha vida sem poder desfrutar de meus filhos. Graças ao esforço, acredito que todos na família vão assumindo paulatinamente seu papel, e nossas relações são melhores", afirma Mónica Mistretta.

Diferentemente de outras mães, Norma Conde não se sente culpada por trabalhar fora. Só se sente desconfortável quando outras pessoas, alheias à sua família, opinam sobre o fato de ela trabalhar: "Sinto-me muito mal quando me dizem: 'pobre de sua filha, sempre tão sozinha, com uma mãe de meio período'. Mas culpada não me sinto. Ao contrário, fico contente de poder trabalhar, do apoio que recebo de meu marido e de ver que minha filha, de 11 anos, sabe cada vez melhor como investir seu tempo porque fica sozinha".

Cecília Altamirano, psicóloga e pesquisadora universitária, tampouco conhece o sentimento de culpa e expõe: "Acredito que o complexo de culpa vai diminuindo com o passar do tempo e conforme os filhos crescem. Meu filho mais velho me acompanhava constantemente ao meu escritório, mas minha filha pequena não. Talvez isso se deva ao fato de que ele cresceu perfeitamente bem, sem nenhum tipo de trauma, e por isso, com a segunda já me senti muito mais confiante", afirma.

Façamos uma autoanálise

Os psicólogos espanhóis Daya Rolsma e José García Romero propõem o exercício a seguir para que as mulheres reflitam sobre o grau de seu sentimento de culpa.

Se o excesso de trabalho supõe estresse ou mau humor, vamos nos perguntar:

- O que faz com que eu me sinta obrigada a realizar todos os serviços da casa ou, pelo menos, sentir-me responsável por eles, embora meu marido e eu trabalhemos fora?
- Por que penso que devo assumir totalmente as despesas do lar?
- O que de pior pode acontecer se atribuo funções ao meu marido e aos meus filhos?
- Como eu me sentiria se tivesse mais tempo livre?

- Em que medida o alívio dessa sobrecarga pode contribuir para o meu bem-estar físico e psicológico?
- Como o fato de não estar tão cansada afetaria a relação com minha família e comigo mesma?
- No que essa mudança de atitude contribuiria para a educação de meus filhos? Estariam mais bem preparados para o futuro, quando tiverem seu próprio lar?
- Essa nova conduta serviria como uma arma educativa para que aprendam valores como a cooperação, o pensar no outro, ser sensível para com a outra pessoa que está cansada e precisa de ajuda, dividir o trabalho e enfrentar determinados compromissos?

Se somos mulheres que pensam que devem assumir todas as responsabilidades, embora ambos os adultos trabalhem, vamos observar por algumas semanas e responder:

- Como nos encontramos ao chegar em casa e comprovar que temos muita coisa para fazer?
- Como esse fato nos faz sentir?
- Como estamos fisicamente?
- Como nos organizamos para realizar todo o trabalho pendente?
- Que vantagens e inconvenientes obtemos ao assumir todas as responsabilidades em nossa vida particular, na relação com a família e com os filhos?
- Penso alguma vez que deveriam me ajudar, mas ao mesmo tempo sinto-me culpada por ter pensado isso, já que se trata de minhas responsabilidades?
- Conto com tempo livre para mim mesma?
- Até que ponto me provoca estresse ter de fazer todas as tarefas da casa e ver que não posso dar conta de todas elas? Isso me deixa irritada?

- Quantas vezes algum membro da família me ajudou sem que eu tenha pedido?

"Mais do que culpa, voltar ao trabalho me fez sentir muita tristeza por deixar meu filho de 3 meses. A culpa é um sentimento que paralisa as mulheres e nunca fiquei paralisada. Ao contrário, tento ficar com ele a maior parte do tempo livre que tenho e não me lamentar por ter de trabalhar. Nos fins de semana levo-o comigo até para o chuveiro."

Fatores como o divórcio ou uma má situação econômica obrigam algumas mulheres a trabalhar fora de casa

---

A culpa não é o único sentimento que as mães que trabalham têm. Acho que nenhuma mãe quer deixar seu filho pequeno para voltar ao trabalho, e ao falar de culpa, penso que estamos falando de um sentimento negativo, como se quiséssemos nos livrar do bebê, e já que fomos para o escritório, nos sentimos culpadas por tê-lo abandonado", explica Teresa Miramón, coordenadora administrativa de uma escola de idiomas e mãe de um bebê de 6 meses.

Educar um filho é uma atividade criativa e única da qual se obtém satisfação no processo e no produto, mas não significa que muita gente possa construir um estilo de vida totalmente adequado ao redor da criança.

LEACH

Claro que é possível ser uma boa mãe e ter um trabalho fora do lar, já que consegui-lo representa muito mais do que estar em casa o dia inteiro. Muitos estudos demonstraram que quase não existe diferença entre as crianças que crescem ao lado de suas mães e aquelas cujas mães trabalham. A diferença é observada apenas no grau de satisfação das mulheres que realmente fazem o que querem. Se não precisam trabalhar, que bom! Mas se querem trabalhar, vão em frente! Essa sensação de bem-estar que a mãe sente consigo mesma ao ficar junto dos filhos ou aquela proporcionada por sua vida profissional é o que vai influenciar o desenvolvimento da criança.

Ser uma boa mãe não significa lembrar ao mundo inteiro nosso sacrifício ao ficar em casa cuidando de nossos filhos. Tampouco significa gritar aos quatro ventos que somos grandiosas e podemos conciliar sucesso com a criação e desempenho profissional. Educar e criar um filho requer, em vez de sacrifício, tranquilidade e uma enorme capacidade para desfrutar do que estamos fazendo.

Da mesma maneira que as crianças têm seu próprio ritmo de desenvolvimento, nós, mulheres, temos nosso próprio estilo para exercer a maternidade, e o que faz muito bem a algumas crianças pode não ser tão bom para outras. Mas a realidade é que a forma como as crianças evoluem não necessariamente está relacionada com o fato de que uma mãe esteja em tempo integral com ela ou trabalhe fora de casa.

A jornalista norte-americana Joan K. Peters, em seu livro *Quando as mães trabalham* (*When mothers work*), afirma que antes, quando eram desconhecidas as causas de algum problema infantil, as primeiras suspeitas eram as mães, sobretudo as que trabalhavam. Durante algum tempo, os pediatras pensaram que a causa do autismo infantil era a frieza com que as mães tratavam tais crianças, em vez de estudar seus sistema nervoso.

Realmente, durante muitos anos nos fizeram acreditar que as mães que saíam para trabalhar eram as culpadas pelo atraso no desenvolvimento da criança. As falhas às vezes eram associadas ao modo de engatinhar, de falar ou de caminhar; e eles pensavam: "Se ela tivesse ficado em casa, seu filho de 6 meses já estaria engatinhando ou, o de 1 ano, caminhando". Nunca foi encontrada nenhuma evidência para acusar as mães que trabalham de que seu trabalho seja um fator contribuinte para retardar a evolução adequada da criança.

"O único caso em que o trabalho da mãe pode contribuir para que seja produzido um atraso no desenvolvimento é quando impõe uma tensão excessiva ao vínculo de afeição. Em ambientes insensíveis, inseguros ou imprevisíveis, as crianças pequenas têm mais dificuldade para avançar em seu desenvolvimento", expõem Sanger e Kelly.

Ainda há pessoas que pensam que o cuidado dos filhos deveria ser suficiente para que a mulher se sinta plenamente realizada, mas o certo é que limitar nossas vidas a isso e a cuidar da casa não é tão idílico como nos parece.

Um dia, Lucía me viu bastante cansada, acomodando todas as coisas no lugar depois de desinfetar a casa: "Mãe, eu gosto mais quando você vai trabalhar ou fica sentada escrevendo no computador", ela me disse. Como não iria me dizer isso, se até para ela, uma garota de 9 anos, o trabalho da casa é bastante tedioso?

O Daniel também me disse: "Eu gosto quando você sai para trabalhar, porque você fica muito bonita".

> *Ser pais é um trabalho tão grande que mesmo quando um pai ou mãe solteira tem muita experiência, costuma falar com alguém regularmente sobre decisões ligadas à solução de problemas diários.*
>
> GRIFFIN

Penélope Leach, em seu livro *Los niños primero* (*As crianças primeiro*), garante que no mundo inteiro existe uma longa tradição de trabalho entre os gêneros. A industrialização levou milhões de mulheres ao mercado de trabalho remunerado e, embora a gravidez fizesse com que saíssem dele novamente, esse fato raramente provocou o final de sua contribuição econômica. Inclusive, nos primeiros anos do século XX, muitas mães, na maioria dos países, realizaram uma grande variedade de trabalhos de baixa remuneração e todas cumpriram com seu trabalho sem remuneração em seus lares.

Só a mãe trabalha

Que mulher com filhos e sem marido não tem de trabalhar e não precisa do apoio de um outro adulto para criá-los e cuidar deles? Esse é o grande obstáculo que muitas mães sozinhas têm de enfrentar: "Você é invadida por uma terrível sensação de isolamento", afirma Maria Luisa Rivas, mãe de uma criança de 11 anos e divorciada desde que seu filho nasceu.

Um estudo realizado na Universidade de Utah, nos Estados Unidos, conclui que entre as mães que estão sozinhas e trabalham varia muito seu nível econômico e social, seu nível acadêmico e seus sucessos profissionais, mas o sentimento de solidão e isolamento é uma constante.

"Os adultos precisam de outros adultos não somente para se apoiar em assuntos como a disciplina infantil, mas também para se ajudarem a manter distância quando reagem de maneira irracional diante dos comportamentos das crianças. As crianças pequenas também precisam de outros adultos para ter a sensação de uma família e que estes sirvam como fontes alternativas de consolo e conselho, brincadeira e identificação", afirma o doutor Michael Lamb, que se responsabilizou pelo estudo.

Uma alta porcentagem de colegas universitárias de minha geração são mulheres sozinhas – por causa do divórcio – e com filhos, e o principal problema que enfrentam é a questão financeira. Trabalham o dia inteiro e quase nenhuma está satisfeita com o que dá a seus filhos. Pensam que poderiam dar mais.

"Meus filhos pedem ajuda ao pai deles, mas isso é uma chatice, porque cada vez que nos vemos brigamos por dinheiro. Ele argumenta que não dá mais dinheiro porque não tem, mas acabou de trocar de carro e o seu trabalho vai muito bem. Parte do problema dos divórcios é que, muitas vezes, o homem volta a se casar e então sente dificuldade para manter duas casas", expressa Estela Silva, mãe de uma jovem de 18, um garoto de 14 e uma menina de 11 anos.

"Sem a ajuda da minha empregada doméstica, não poderia fazer tudo o que faço. Meu filho chega da escola às três da tarde e ela o recebe, almoçam juntos e Luis Miguel vai fazer seu dever de casa. Quando chego, às sete, conversamos, assistimos à TV, reviso o dever de casa dele e chega a hora de dormir. Os fins de semana são dedicados totalmente a ele. É muito difícil criar um filho sozinha; entretanto, esse tipo de criança torna-se mais responsável. Às vezes entra em conflito e me diz que quer ver o pai dele, de quem não sabemos nada faz muitos anos", reconhece Maria Tirado.

> *Se uma criança tem a sorte de crescer junto de uma mãe que o oriente e esteja disponível, ou seja, que seja funcionalmente utilizável para o desenvolvimento dela, pouco a pouco irá surgindo nela, à medida que cresce, uma sadia autoconsciência.*
>
> Miller

Há muitos testemunhos como esses.

Declaro-me uma mulher incompetente para criar dois filhos sozinha, tanto pelos motivos que isso acarreta economicamente falando, mas também pelo aspecto da solidão e do apoio que outro adulto representa. É muito relaxante saber que posso pegar o telefone, ligar e dizer para o Guillermo que estou esgotada e que, por favor, ele chegue cedo para cuidar das crianças. Desse modo, quando tenho de trabalhar nos fins de semana, ele cuida deles o dia inteiro; para mim é uma bênção saber que não estou completamente só e não tenho que me preocupar com brincar com Barbies ou me levantar do computador ao primeiro grito de: "Mãe, minha irmã continua me incomodando!"

Para algumas mulheres será mais difícil que para outras lidar com o assunto de criar seus filhos sozinhas e é fato que terão de multiplicar esforços e aceitar toda a ajuda externa que for possível. Educar os filhos quando os pais estão juntos é uma tarefa difícil, fazê-lo sozinha ou sozinho deve ser ainda muito mais complicado.

"O problema que tive de enfrentar desde que me separei de meu marido é a superproteção de minha filha. Sinto-me culpada por ter de estar mais horas no trabalho e porque sinto que tirei o pai dela. Se analiso racionalmente me dou conta de que é absurdo pensar assim, mas meu inconsciente me trai", afirma Pilar Ortega, química.

A doutora Daniela Rubio, psicanalista, oferece algumas recomendações que muitas de suas pacientes divorciadas puseram em prática.

"Em primeiro lugar, é muito importante que as crianças se conscientizem de sua nova situação; deve ser explicado a elas que podem existir muitos tipos de família, mas que elas estão seguras e que seus pais continuam a amá-las, embora já não estejam juntos. Elas devem ser informadas sobre a importância do trabalho de sua mãe, já que sua situação econômica mudou e terão de fazer alguns ajustes. Não é bom se isolar e isolar os filhos. A criança terá um pouco mais de segurança se continuar o mais rápido possível com sua rotina. As mulheres que acabam de se separar não devem se fechar em si mesmas. É muito comum que a mulher ponha um muro entre ela, seus filhos e o mundo, e por isso tendem a ser mais superprotetoras", adverte a especialista.

Andrés: um caso

O garoto tinha 14 anos quando a família solicitou ajuda terapêutica. O pai os abandonou quando ele tinha 6 anos, mas ao chegar à adolescência, Andrés decidiu procurá-lo e reclamar de seu abandono.

> Os especialistas recomendam às mulheres que estão sozinhas que não construam muros entre seus filhos e suas atividades pessoais e profissionais. A unidade é a cura

Patricia, mãe desse jovem, teve de dedicar mais tempo ao trabalho, e assim não percebeu os problemas que o garoto estava tendo na escola: ele começou a mostrar um comportamento rebelde e grosseiro, bem como falta de interesse absoluta em seus estudos.

Quando a escola ligou para Patricia, ela confessou à psicóloga que não se atrevia a colocar limites para Andrés já que ela nunca estava em casa por causa do trabalho e tinha medo de machucar o garoto, que já estava muito desorientado pela falta de seu pai.

"Não me sentia capaz de enfrentar sozinha a realidade e a responsabilidade; estava muito aborrecida com meu ex-marido e pensava que ele também teria de cuidar da situação", relata Patricia.

Depois das entrevistas nas quais se falou da situação familiar, foram tomadas algumas providências para manter a harmonia e buscar o equilíbrio. A psicóloga e a assistente social encarregadas do caso refletiram e analisaram com Andrés e sua mãe as metas relacionadas com a família em geral, como manter a unidade, estabelecer laços de confiança, passar mais tempo juntos, expressar o afeto e trabalhar em equipe, entre outros aspectos.

Depois foram identificados os objetivos e as metas com relação a Andrés, de acordo com suas possibilidades e limitações.

Não foi fácil negociar com a família o cumprimento e o alcance das metas; esse processo levou algum tempo, principalmente para que Andrés aceitasse as tarefas de casa que lhe diziam respeito.

"Ensinaram-me algumas medidas específicas que poderiam me ajudar no manejo e controle das reações violentas do meu filho em suas depressões e momentos de apatia. Também aprendi a me aproximar dele sem medo e sem culpa, aprendi a pôr limites para ele e compreendi que eu não sou culpada nem de ter de trabalhar nem de ter me separado do pai dele", afirma Patricia Terán, mãe divorciada que trabalha o dia inteiro.

Conciliar as tarefas da criação e a vida profissional requer grandes esforços quando se é mãe sozinha, embora seja igualmente difícil para quem está ao nosso redor tentando evitar que façamos uma fusão com nossos filhos, transformando-nos em uma única pessoa, e com isso deter sua busca de identidade.

Que bom seria se eu pudesse dispor de uma hora por dia, unicamente para me sentar sozinha e sem ressentir as exigências de meu filho, meu marido, meu gato, meu cachorro, meu patrão... Poder ter só uma hora por dia de solidão absoluta.

ANÔNIMO

Libby Purves, em seu livro *Como no ser una familia perfecta* (*Como não ser uma família perfeita*), explica de forma simples e clara: "Se o problema de um pai é se dar conta de que é pai e comportar-se como tal, o problema da mãe é todo o contrário: tentar não viver em função de sua responsabilidade. Ao perder a própria identidade, você corre o risco de tentar encontrá-la por meio das crianças e de projetar suas ambições nelas".

Perguntas

Diversas circunstâncias podem obrigar-nos a trabalhar fora de casa. É importante não somente aceitar essa responsabilidade com bom humor, mas também estar consciente dos benefícios que isso pode somar à vida familiar.

1. Sinto-me culpada por trabalhar?
2. As pressões familiares e sociais me afetam quanto à criação de meus filhos sem minha presença em casa?
3. Estou convencida de ser mãe em tempo integral? Se eu sou uma mulher que trabalha fora de casa, estou convencida de estar satisfeita com isso?
4. Como defino a maternidade?
5. Penso que as mulheres que passam mais tempo com seus filhos os amam mais do que aquelas que saem para trabalhar?
6. Compartilhei minhas dúvidas e meus sentimentos com outras mães que também trabalham?

5

Pai: uma presença cada vez mais intensa

Repreensões, castigos, autoritarismo e ausência permanente da vida familiar são as principais imagens que vieram à cabeça de muitas mulheres a quem perguntei com que associavam a sua figura paterna. É com esses tipos de personagens que a maioria dos que passaram dos 40 anos cresceu.

Meu pai era um homem seco, autoritário, ausente. Poderia garantir que sequer se dava conta de quando chegavam as férias, as doenças que contraíamos, quais eram nossas necessidades afetivas. Sua função era nos sustentar, dar permissões e assinar boletins. Mas que nunca ninguém viesse lhe pedir para trocar uma fralda ou esquentar uma mamadeira; e mais, quando uma lâmpada queimava, em vez de trocá-la ele preferia que viesse um eletricista para fazê-lo.

Assim era meu pai e assim eram os pais de todas minhas amigas. Não eram maus pais, simplesmente cumpriam sua função. Ponto.

É a partir da criação do filho que um homem descobre o prazer que a paternidade oferece.

FUENTES

Agora que sou adulta e vejo as coisas a distância, percebo a falta que fez a milhares de homens que alguém lhes ensinasse a demonstrar seus afetos. Pelo menos para meu pai, isso fez muita falta. Sua função dentro de casa era a de dono e senhor; dava todo o material de que precisávamos e, em troca, pedia uma boa refeição, uma casa confortável e poucos incômodos. Para se encarregar de tudo que fosse relacionado com a criação dos filhos existia minha mãe.

"Cresci com uma imagem de homem com a qual estão acostumados todos aqueles de minha geração", afirma Antonio Brito, engenheiro de 44 anos, casado há 13 e pai de três filhos, cujas idades variam entre 6 e 10 anos.

"Antes, pensava que o homem devia trabalhar e a mulher ficar com os filhos e cuidar de tudo que diz respeito à educação e ao crescimento das crianças. Casei-me com uma mulher que tinha feito uma carreira universitária – ela é designer industrial – e estava certo de que apoiaria seu desenvolvimento no trabalho. Mas quando começaram a nascer nossos filhos e ela insistia em continuar trabalhando, francamente fiquei de cabeça quente e não suportei a ideia de que meus filhos crescessem sem ter a presença da mãe o tempo todo.

Inclusive estivemos a ponto de nos separar porque eu não tolerava a ideia de chegar em casa antes dela, ou de ter de levar as crianças ao pediatra, enquanto ela estivesse trabalhando. Paulatinamente, entendi que era necessário para ela e para a renda familiar que continuasse no trabalho; respirei profundamente, conversamos muito e finalmente aceitei.

Agora ela trabalha meio período e as crianças estão muito contentes. Na verdade, acho que sempre estiveram. Quem provocava o conflito era eu."

Para Hernán Cházaro, suas três filhas são mais importantes que qualquer outra coisa e não deixaria de chegar cedo ao lar para vê-las nem pelo melhor emprego do mundo.

"Chego em casa sempre antes das oito e assim jantamos juntos; minha esposa e eu colocamos a menina para dormir e leio para ela um conto todas as noites.

Com o tempo, aprendi o quanto é importante minha presença no lar; Marta, minha esposa, daria conta sozinha, mas desfruto muito da paternidade. O que não gosto de fazer é ajudar nos serviços domésticos, por isso pago para que ninguém mais o faça", explica esse analista financeiro.

Não sei em que momento da história foi dito aos homens que perderiam sua virilidade se abraçassem seu filho, dessem carinho, trocassem a fralda, mas o certo é que a antiga noção do machismo está em declínio. Provavelmente, quanto às tarefas do lar a cooperação dos homens não é tão evidente como sua participação na educação dos filhos.

De acordo com a história, o homem, como pai de família, está evoluindo até chegar hoje ao que alguns autores chamam de "revolução masculina".

Em seu artigo "A relação pai-bebê: uma versão bibliográfica", a psicóloga Alicia Oiberman afirma que no mundo ocidental tem havido uma evolução na representação da paternidade.

Atualmente, é muito comum ver um pai com seus filhos, desfrutando de atividades que não precisam necessariamente da presença da mãe

No final do século XIX, o papel fundamental do pai era proporcionar aos seus filhos uma educação cristã e bons costumes; no início do século XX, a necessidade masculina de passar a maior parte do dia nas fábricas lhe concedeu a função de ser o suporte econômico familiar e atribuir à mãe a criação e a educação. No período da Segunda Guerra Mundial, a ausência do pai em milhares de famílias ocidentais foi ressentida pelas crianças que cresceram sem uma imagem paterna.

As mulheres deviam ser donas de casa e profissionais, já que ocuparam os empregos dos soldados. Essa dupla tarefa da mulher quebrou a imagem do homem como provedor material do lar. Finalmente, a partir da década de 1970 surgiu uma nova imagem paterna, na qual o pai ocupa um importante espaço na vida das crianças. Isso é fortalecido ainda mais pela incorporação de milhões de mulheres à população economicamente ativa e porque os homens estão decididos a participar da criação de seus filhos.

Hoje é comum ver as crianças acompanhadas somente do pai; Lucía e Daniel estão entre eles. Em muitas famílias, é o pai quem as leva à escola, ajuda em seus deveres escolares, assiste às reuniões e fala com os professores, dá banho nelas, coloca-as na cama etc. Podemos falar de um "novo pai", comprometido com os cuidados e a criação das crianças.

Oiberman afirma que os elementos que integram a nova conduta paternal são as interações, a responsabilidade e o fato de serem acessíveis. Com relação à interação, está associada ao tempo que o pai compartilha com seu filho e no qual realizam atividades juntos.

Ter um pai acessível implica que o filho tenha maiores possibilidades de conviver e interagir com ele. Finalmente, a responsabilidade refere-se à função que ele assume nas atividades próprias da infância, como ir à escola, às visitas ao médico ou ao dentista e às reuniões sociais, entre outras.

> *Os homens aprendem o que significa ser homens a partir da relação com outros homens e mulheres em diferentes espaços da vida social com a família, a escola, os amigos, a comunidade e o trabalho, para mencionar apenas alguns.*
>
> Coletivo de Homens por Relações Igualitárias A.C. (Coriac)

"Durante muitos anos, nós, homens fomos privados de exercer uma paternidade mais envolvida e comprometida com a criação e o desenvolvimento de nossos filhos. O primeiro obstáculo é o trabalho. As longas jornadas nos empregos nos tiram a possibilidade de conviver com as crianças; as distâncias que há entre nossas casas e os centros de trabalho são outro aspecto que nos distanciam da família. Além disso, acho que o fato de resolver situações profissionais em almoços ou jantares não nos permite desfrutar de mais momentos familiares", expõe Antonio Martínez, executivo de uma empresa de tecnologia e pai de duas crianças, de 10 e 12 anos.

Para retomar a ideologia da advogada Berta Suárez:

> As leis não dão às crianças a oportunidade de desfrutar do afeto direto e cotidiano do pai e a sociedade sai perdendo com esse padrão de conduta que se repete geração após geração.
>
> Na vida cotidiana, nos momentos de crise e nas birras da criança é quando são mais necessárias as demonstrações do afeto paterno, já que para o filho pequeno é muito importante que o pai demonstre seu apoio nessas situações. A sociedade sueca é precursora nessas transformações e instituiu a licença optativa por paternidade.

Em nosso país, existem homens que continuam pelo mesmo caminho do pai como sinônimo de autoridade porque é o único modelo de comportamento que conhecem. Entretanto, é inegável a presença cada vez maior de pais que participam da criação das crianças. Por infelicidade, às vezes somos nós, as mães, que não lhes permitimos ocupar outro papel além desse de "colaboradores", pois acreditamos que fazemos as coisas muito melhor que eles. Isso reforça a velha ideia de que as mulheres são as donas dos filhos. Quantas vezes escutamos um homem dizer à sua esposa, ao se referir aos filhos: "Seu filho não quer fazer isso ou aquilo"?

"Se quisermos melhorar como família, é importante que seja concedido ao pai um lugar central na criação e não secundário ou de mero provedor", explica Rafael Juárez, pai de três crianças de 7, 10 e 12 anos.

Até onde se sabe, não foi demonstrado que a mulher seja biologicamente mais apta para criar uma criança. A única coisa que um homem não pode fazer é dar à luz e amamentar um bebê.

Conheço muitos casos em que "em nome da igualdade na criação dos filhos" é sacrificada a lactância materna para que o pai possa dar mamadeira ao filho. Considero-me a principal inimiga dessa disposição. Há muitas outras atividades durante o dia com as quais o pai pode colaborar, por isso me pergunto, que necessidade há de que o pai e a mãe passem a noite toda acordados, sendo que o bebê precisa somente do peito materno? Tirar a amamentação da criança para que o pai contribua com a criação, encarregando-se do alimento noturno, francamente não me convence.

O modelo paterno generalizado que os pais atuais tiveram reduzia-se ao cumprimento dos "deveres" materiais

---

O pai insere-se entre a mulher e a criança provocando sua separação e permitindo ao filho seu acesso ao mundo externo. O pai é a representação simbólica da lei e a autoridade.

LACAN

Adriana e Gerardo Esquivel têm uma criança de 3 anos e uma garotinha de 2 meses. "O bebê ainda não nos deixa dormir e acho justo que o trabalho noturno seja dividido, sendo que eu a amamento e depois meu marido troca a fralda dela e a faz arrotar. Acho que é um bom acordo", explica Adriana.

Pessoalmente estou em total desacordo, sobretudo porque o homem deve sair para trabalhar cedo na manhã seguinte e ela pode aproveitar o tempo que o bebê dorme para descansar.

Resumindo, são as mulheres que voltam a trabalhar que precisam parar de amamentar.

O modelo paterno generalizado que os pais atuais seguem se reduz ao cumprimento dos "deveres" materiais. Inclusive os pais se ausentavam por um bom tempo para obtê-lo, mas na verdade, para muitos, faltou algo essencial: a presença física, emocional, palpável do pai.

Os especialistas em Psicologia afirmam que a ausência do pai condiciona o surgimento de numerosos transtornos na criança.

Patricia Alvarez, terapeuta familiar, sustenta que a falta de interação entre pai e filho gera algumas carências no âmbito do desenvolvimento emocional, cognitivo e social da criança. O comportamento paterno fornece ao filho o marco normativo necessário para perceber a realidade, mas também o ajuda a se desenvolver de forma sadia por meio da afeição, da ternura e das manifestações de afeto, à moldagem da afetividade do filho e à formação de sua personalidade.

> Como consequência do vínculo pai-filho, é fornecida à criança a segurança de que ela tanto precisa e a confiança em si mesma, elemento-chave sobre o qual pode ser formado o crescimento de sua autoestima. O filho, depois da presença amorosa de seu pai, aumenta sua autoconfiança e descobre que pode fazer muito mais do que já faz e que o que realizou é valioso, pois de outro modo seu pai não o aprovaria.
>
> A insegurança, a imaturidade e o infantilismo constituem as consequências imediatas no filho geradas pela ausência de seu pai. Toda família é bicéfala e tanto o pai quanto a mãe são necessários, nenhum deles é substituível pelo outro.

Mudanças e mais mudanças

A chegada de um bebê é difícil não somente para a mãe. Os homens enfrentam uma série de sentimentos desencontrados que vão desde o desconcerto até a ternura, passando pelo ciúme, a solidão e a incompreensão.

Juan Guillermo Figueroa, estudioso dos direitos reprodutivos das mulheres e da paternidade masculina, e pai de crianças de 4 e 7 anos, considera que os termos empregados em algumas disciplinas, como a demografia e a medicina, bem como boa parte da linguagem cotidiana insistem em atribuir à mulher um papel central nos processos reprodutivos, enquanto os homens somente desempenham funções secundárias e, em algumas ocasiões, nulas.

> Por exemplo, a palavra gravidez descreve um *status* exclusivo das mulheres, mas não existe um termo equivalente para as vivências que os homens podem experimentar durante os nove meses que duram um período comum de gestação.

Humberto García, pai de Georgina, de 6 anos, de Hector, de 10, e de Pámela, de 12 anos, explica que durante as gestações de sua mulher, se alguém lhe perguntasse o que ele sentia, sua resposta era: "Nada. Pergunte isso à minha mulher, pois é ela quem está grávida. Minha esposa sempre me disse que eu não entenderia nada do que ela sentia porque eram mudanças físicas e hormonais, mas eu também sentia muitas coisas como temor, apreensão de que o bebê não estivesse bem, pavor de não poder satisfazer suas necessidades materiais", explica.

Muitas mulheres acreditam que os homens que estão a ponto de ser pais não sentem o mesmo que nós. Claro que suas sensações e sentimentos são muito diferentes dos nossos, mas alguma vez nos perguntamos como eles estão passando por esse período? Queremos toda a atenção e mimos para nós, gostamos de nos sentir o centro das atenções familiares; em nome da gravidez, abusamos muitas vezes, argumentando que nossas repentinas mudanças de humor são hormonais. Tudo isso é verdade. Mas os homens também atravessam períodos de mudança e crise e precisam ser integrados ao processo da gravidez e posteriormente à criação.

Conheço muitas mulheres que desconfiam de seus maridos em matéria de cuidados infantis.

A sociedade e a cultura nos fizeram acreditar que os homens não servem para criar filhos, que são torpes e ineptos. Se não é assim, lembremos quantos anúncios comerciais e programas de televisão há em que o pai é um desastre, esquecendo até de tirar do fogo a água que põe para ferver para preparar a mamadeira.

Na parte pessoal, não há melhor cuidado para meus filhos que o do pai deles. A relação que há entre eles é completamente diferente da que eles têm comigo. Com Guillermo tudo é mais relaxado, mais brusco também, mas Lucía e Daniel se divertem muito com ele.

Na atualidade, é comum ver homens como Guillermo exercer a paternidade de maneira mais próxima das crianças; as pessoas já não pensam que eles só servem para oferecer uma situação financeira adequada e uma imagem de autoridade que se traduziu durante muitos anos muito mais como autoritarismo.

O pai é, hoje, pelo menos nos caso de milhares de famílias, uma presença plena de afeto, ternura, brincalhona e complacente.

A sociedade passou por uma série de mudanças que transformaram radicalmente a forma de exercer a paternidade. De acordo com o livro *Paternidad equitativa: uma propuesta para hombres que desean mejores relaciones con sus hijas e hijos* (*Paternidade equitativa: uma proposta para homens que desejam melhores relações com suas filhas e filhos*), do Coletivo de Homens por Relações Igualitárias (Coriac), as modificações mais importantes que influenciaram nas formas de ser pais são, por um lado, o uso de anticoncepcionais e as campanhas de planejamento familiar, que deixam nas mãos do casal o número de filhos desejados; por outro lado, a ativa participação das mulheres na vida política e social do país em busca de igualdade de oportunidades e da defesa de seus direitos, e, finalmente, as permanentes crises econômicas que afetaram a economia e que lançaram milhares de mulheres em busca de empregos remunerados.

"Todas essas mudanças transformaram a vida cotidiana das famílias e a paternidade começou a ser estudada a partir de um enfoque que torna possível entender as diferentes formas de educar e tratar as mulheres e os homens; o que se espera de uns e outros, que direitos e obrigações são atribuídos aos garotos e garotas".

O pai e a mãe são uma espécie de sócios
nessa grande empresa que é a criação dos filhos

Pai não é mãe

Tentar fazer com que o pai converta-se em uma mãe para nossos filhos é, com todo respeito, uma aberração: o pai é o pai, a mãe é a mãe e cada qual desempenhando seu papel são absolutamente necessários para o sadio desenvolvimento psicológico, emocional e social do bebê. Que bom que é assim.

Sem dúvida, muitas mulheres passaram horas inteiras tentando fazer o bebê dormir e este não queria, se retorcia, chorava, se alvoroçava. Milagrosamente chega aos braços do pai e em dois segundos o mesmo bebê adormece. "A que se deve isso?", nos perguntamos surpresas. Acho que o homem transmite paz, tranquilidade e muita segurança à criança. Não é que nós não a fazemos sentir isso; simplesmente depois de 12 horas ininterruptas de fraldas, bico do seio sangrando, prantos noturnos e outros, ninguém poderia transmitir paz e serenidade.

Mas as diferenças mais marcantes entre ser pai e mãe são descritas com graça por Libby Purves no livro *Cómo no ser una familia perfecta* (*Como não ser uma família perfeita*): "A verdade é que as mães se preocupam com as luvas e as toucas de lã, enquanto os pais os perdem. As mães estão sempre alertas em caso de seus filhos contraírem alguma doença horrorosa. Os pais somente se dão conta quando as crianças vomitam em cima deles. As mães sentem empatia. Os pais compaixão".

Muitas de nós comprovamos a veracidade dessa descrição diferencial de gêneros. Entretanto, em minha opinião, o pai é um ser cada vez mais presente na vida de nossos filhos e devemos apoiar essa participação, mas não como se estivéssemos aceitando um ajudante. O pai e a mãe são uma espécie de sócios nessa grande empresa que é a criação infantil.

Minha experiência a esse respeito foi muito boa. Guillermo, apesar de ser um homem educado de maneira tradicional, na qual o homem era exclusivamente provedor, esforça-se ao máximo para sentir-se parte da vida familiar. Custou-me aceitá-lo, sobretudo porque eu achava que todo meu trabalho do dia se desvanecia em alguns minutos.

Assim, enquanto eu não permitia que as crianças comessem guloseimas, Guillermo chegava carregado de chicletes, chocolates e balas; eu os fazia ir dormir às oito em ponto, e ele chegava às 8:10 e causava grande alvoroço familiar. Seguindo os sábios conselhos dos livros, eu evitava que as crianças tivessem atividades que os aceleravam uma hora antes de irem para a cama e meu marido chegava a brincar com eles, a fazê-los rir e correr por toda a casa ameaçando fazer cócegas neles.

No início eu ficava muito aborrecida e reclamava com ele, mas depois entendi que essa presença era causa importante da felicidade de meus filhos e, melhor ainda, aprendi a desfrutar. O que mais admiro é o contato físico e verbal que há entre eles: abraços, beijos, palavras de conforto, telefonemas do escritório todas as tardes. Lembro-me de uma noite, depois das dez e meia, que Lucía levantou-se chorando para dizer que tinha esquecido que no dia seguinte tinha de levar um saco gigante de batatas fritas porque ia ter uma festa na sala de aula.

"Lucía – eu disse – onde você quer que a gente consiga batatas fritas a esta hora? Amanhã antes de você ir à escola passaremos por algum supermercado." Mesmo não muito convencida ela voltou para a cama. Minutos depois apareceu meu esposo, que já tinha posto o pijama, vestido novamente e disse-me: "Vou ao supermercado buscar as batatas". Nunca esquecerei a carinha de felicidade de minha filha quando abriu os olhos de manhã e encontrou na beira de sua cama um saco gigante de batatas.

Essas pequenas histórias, as quais certamente cada família terá mais de uma para contar, são as que fortalecem as relações entre os pais e os filhos. Como é importante saber que podemos contar com um pai. Quão maravilhoso é também escutar um pai falar de seus filhos.

> *Os pais podem interpretar e cumprir suas responsabilidades como desejarem, porque as mães e os pais, homens e mulheres, não são reversíveis e não precisam sê-lo porque são pessoas livremente diferentes e sempre iguais.*
>
> LEACH

Uma vez em minha vida profissional tive que trabalhar com um homem que eu achava absolutamente insuportável: era machista, grosseiro, fofoqueiro e tinha muitos outros defeitos. Entretanto, no dia em que o escutei falar o quanto seu filho era maravilhoso, fiquei gelada. Referia-se ao garoto com grande ternura, amor e, sobretudo, satisfação e orgulho.

O garoto era precisamente um lindo bebê de anúncio, ou melhor, era uma criança como todas as outras, mas esse homem falava dele como se fosse um personagem de filme. Ouvir aquelas descrições dos avanços do garoto e ver refletida a grande paixão que um pai pode sentir por um filho mudou minha visão desse colega de trabalho.

Entendi também que a paternidade agora, da mesma forma que a maternidade, é irreconhecível se for comparada com o que foi há 40 anos. Nem melhor nem pior, somente diferente, com a exceção de que hoje as crianças são parte essencial na vida dos adultos.

Em seu livro *Los niños primero* (*As crianças primeiro*), Leach relata que em uma assembleia de várias centenas de pais de família de primeira viagem, uma mulher falava como se seu marido fizesse horas extras por achar interessante, em lugar de fazê-lo para manter o bebê; outra atacava seu esposo com muita irritação por ele ter posto no bebê de 2 meses um suéter azul com uma calça amarela, quando havia outro suéter que combinava; testemunhos que provocaram gritos de entusiasmo nas outras mulheres.

Os poucos homens que assistiam reconheceram as falhas e também que a "igualdade no cuidado dos filhos" não estava contribuindo ao fato de estar juntos e felizes. Mas apesar do dano causado em sua dignidade e em seus sentimentos, muitos pais tentam ser mães porque a única opção que há para eles é a exclusão. "Um homem pode ver que o bebê precisa de sua mãe e que a mãe precisa do bebê. O que não pode ver é quem precisa dele", expõe Leach.

> *A paternidade não é somente uma função, é também uma atitude que implica decisão.*
>
> NARANJO

"Sempre fui o provedor financeiro do lar, sempre gostei disso, quis ser uma pessoa importante em meu trabalho, gostava do progresso e de viver o sucesso como um todo, mas gostaria de ser herói de algo", explica José Antonio Murguía, executivo de uma empresa têxtil e pai de dois adolescentes e de uma garota de 7 anos.

De acordo com diversos estudos, a aquisição da identidade masculina nas sociedades modernas atravessa uma série de dificuldades que foi denominada crise da masculinidade. Tal crise, na qual afloram conflitos entre os atributos culturalmente designados aos homens e as reações subjetivas às mudanças, pode estar relacionada com importantes transformações sociais, econômicas e ideológicas, entre as quais vale a pena destacar os novos padrões de inserção das mulheres no trabalho, com seus múltiplos efeitos sobre as formas de organização da vida cotidiana, os papéis sexuais e as dinâmicas tradicionais da família.

Durante muitas décadas, o trabalho foi considerado um eixo sobre o qual se constrói a identidade masculina e lhe são atribuídas as qualidades de ser fonte de reconhecimento e prestígio social, de afirmação da função de provedor e protetor da família, de articulação do projeto de vida e de espaço de sucesso e desenvolvimento pessoal. Por isso, diferentemente das mulheres, que são chamadas de não assalariadas, os homens são denominados desempregados, estado que os angustia por não estarem cumprindo com seu dever como pais e com o papel cultural que lhes foi designado.

Por sua vez, as mulheres que repentinamente se veem como provedoras únicas, sentem sua relação conjugal afetada.

"Desde que meu marido está desempregado, meus filhos estão muito descontrolados. Apesar de eu sempre trabalhar e eles estarem acostumados a não me ver durante o dia, tenho a sensação de que a presença diária do pai deles em casa os incomoda. Oscar, meu esposo, também se dá conta disso e sente-se mal porque desde que deixou de ser o provedor do dinheiro sente que já não sabe como ser pai", reconhece Luisa Aguilar, costureira em uma fábrica e mãe de três crianças de 8, 10 e 12 anos.

Os pais não podem ser considerados ocasionais substitutos maternos. Eles interagem com seus filhos em um caminho único e indiferenciável. E as interações maternas e paternas têm implicações diferentes na vida psíquica das crianças.

OIBERMAN

Javier Liceaga, pai de Alonso, de 9 anos, e de Fernanda, de 11, relata uma experiência similar: "Agora que não tenho emprego, sinto-me fora de lugar em todas as partes. Minha esposa trabalha o dia inteiro e eu estou levando as crianças à aula de música, buscando-as na escola e às vezes vamos, durante a tarde, ao parque andar de bicicleta. A maioria das mães das outras crianças, que são as que geralmente fazem essas atividades, me veem sempre como um bicho raro. Meus filhos não me dizem nada, mas não entendem bem por que sou eu quem está ali e não sua mãe".

O homem, sem dúvida, atravessa uma etapa de crise e não sabe que rumo seguir. Por um lado, é difícil, embora cada vez em menor medida, demonstrar seus afetos; por outro, já não quer ser identificado exclusivamente com a função de dotar a família de bens materiais. O que fazer então?

Sonsoles Fuentes, em seu livro *Soy madre, trabajo y me siento culpable* (*Sou mãe, trabalho e me sinto culpada*), recomenda que para que a família e o próprio pai sintam-se integrados e seja oferecida ao homem a oportunidade de assumir sua paternidade de uma forma diferente, é necessário o seguinte:

- liberar a mulher do peso que implica a criação de um filho sob sua absoluta responsabilidade e facilitar que disponha de tempo para realizar outras atividades;
- dividir o trabalho entre o casal, já que isso aumenta a compreensão mútua;
- estimular a companhia do pai, pois isso contribui para o equilíbrio emocional das crianças, ajuda-as a pôr suas vidas em ordem, estimula-as a tomar decisões e lhes transmite energia;
- o pai conecta o filho com o mundo externo e permite que a criança não tenha medo do que existe "além do seu lar". Serve de ponte entre o mundo infantil e o dos adultos;
- a presença do pai é muito enriquecedora para o filho porque contribui em sua educação ao oferecer outros pontos de vista;
- o pai descobre que sua vida profissional não é a única que o define como homem, que existem outras facetas de sua vida, fundamentais para manter seu equilíbrio emocional;
- o pai descobre que a paternidade é uma experiência mais gratificante do que ele tinha imaginado.

> Diferentemente das mulheres, que são chamadas não assalariadas, os homens são denominados desempregados, estado que os angustia por não estarem cumprindo com seu dever como pais e com o papel cultural que lhes é designado

Os pais e as mães têm maneiras muito diferentes de se aproximar de seus filhos. Vários pais entrevistados têm alguns aspectos coincidentes no que diz respeito a fazer da paternidade uma experiência mais agradável para o conjunto da família.

Alguns afirmam que dialogar com as crianças é a melhor forma de resolver os conflitos. Isso não quer dizer que uns e outros tenham de ceder em seus pontos de vista, mas sempre devem estar abertos à opinião do outro.

"Para mim, dialogar com meus filhos não significa ceder. Eles sabem perfeitamente que sua mãe e eu somos a autoridade em casa, mas também que seu ponto de vista sobre alguns assuntos é importante", afirma Alberto Herrera, pai de uma menina de 9 anos, um adolescente de 14 e uma jovem de 19.

"Eu sempre estou aberto à opinião de meus filhos e, sinceramente, tento entendê-los. Eles têm confiança em mim e, sobretudo, sabem que contam comigo", garante Rolando Ferre, pai de um garoto de 9 anos e uma garota de 12.

O respeito é outro dos valores que para muitos pais é fundamental a fim de ter uma boa relação com os filhos.

"Não gosto de impor minhas ideias, embora às vezes o tenha feito, e tenho confiança suficiente em meus filhos para reconhecer que errei. Claro, às vezes digo não para alguma coisa e é não.

Às vezes, todos erramos. Mas, em geral, o respeito é um de meus fios condutores na relação com minhas filhas", explica Lorenzo Lerdo, pai de um garoto de 9 anos e gêmeas de 12.

"Para mim, um tratamento de igualdade entre meus dois filhos e minha filha é básico. Minha esposa e eu tentamos sempre demonstrar igualdade entre todos os membros da família. Eu, por exemplo, embora não seja uma coisa de que goste, coopero com as tarefas da casa nos fins de semana, dias em que a senhora que nos ajuda não vai, e meus filhos veem que tanto homens como mulheres devem colaborar no lar, que é um espaço de todos. Espero que apliquem isso quando tiverem suas próprias famílias", assevera Frederico Cymer.

> *Quando se trata de atrair a ajuda de um pai disposto para tratar dos assuntos da casa e para o cuidado das crianças, o melhor método é motivar e aproveitar os gestos de apoio que o homem oferece por si mesmo.*
>
> NICHOLSON

"No meu ponto de vista, o grande avanço da paternidade atualmente se deve ao fato de que, como pais, já não é malvisto que demonstremos fisicamente aos nossos filhos o grande amor que sentimos por eles. O que mais me faz gostar de ser pai hoje é termos eliminado esse obstáculo", expõe Jesús Galindo, pai de Valentina, de 6 anos, e de Natália, de 9.

Como ser pai atualmente

É cada vez mais importante que o homem, quando se torna pai, reflita e questione como se exerce a paternidade e comece um processo permanente de mudanças para formas mais satisfatórias de conviver e educar suas filhas e filhos.

Tudo isso torna mais urgente a revisão e reflexão sobre a maneira como cada homem assume e pratica sua paternidade, para que as dificuldades e os conflitos que surgirem sejam convertidos em oportunidades e desafios de transformação, entre os quais se destacam:

- pensar sobre os estilos de vida pessoais anteriores à paternidade, bem como os costumes e práticas de paternidade relacionadas com a aceitação da violência, o afastamento, a ausência e outras práticas paternas que influenciam ou impedem o desenvolvimento pleno dos filhos;
- evitar e descartar a zombaria, o castigo, a violência e os maus-tratos como formas socialmente válidas para educar ou corrigir os filhos;
- eliminar os papéis sexistas e autoritários que aprenderam e que a sociedade promove;
- prevenir nos filhos os riscos e condutas como vícios, alcoolismo e violência.

Fonte: Paternidade equitativa, Coriac

Perguntas

O papel do homem é de vital importância para o desenvolvimento e estabilidade emocional das crianças. Nossa postura perante sua presença pode alterar de diferentes maneiras a percepção de nossos filhos.

1. Como era meu pai? Em geral, como é meu marido com meus filhos e comigo?
2. Solicito abertamente a colaboração e apoio de meu esposo ou prefiro manipular as situações e fazer os membros da família acreditarem que eu posso fazer tudo sozinha?
3. Promovo uma relação estreita entre meus filhos e seu pai?
4. Compreendo a crise por que passam os padrões culturais sob os quais os homens foram educados?
5. Que imagem tenho de um pai de família? Considero que deve ser unicamente provedor financeiro e que o resto é tarefa das mulheres?
6. Quero que meu marido aja igual a mim quanto à educação e à criação dos filhos ou respeito seus próprios mecanismos de comunicação e aproximação?

6

A voz dos filhos

Existe uma forte controvérsia sobre os efeitos produzidos na saúde emocional de uma criança cuja mãe trabalha fora de casa. Resultados de um estudo realizado há alguns anos garantem que, contra a crença mais generalizada, não há diferenças significativas entre os graus de apego à mãe que apresentam os filhos cujas mães trabalham fora de casa e aqueles cujas mães se dedicam ao lar. Uma das conclusões do estudo é que as mulheres não empregadas contribuem com maiores níveis de mal-estar emocional do que aquelas empregadas. Sua tensão está relacionada ao solitário trabalho doméstico.

Para Laura Castellanos, química farmacobióloga, mãe de duas crianças de 7 e 10 anos, a pergunta mais importante que todas as mães que trabalham fazem a si mesmas é: "E quem vai cuidar do meu filho?"

"Se esse temor estiver resolvido, todo o resto também tem solução. Uma mãe pode se dedicar a seus filhos todo o tempo do mundo, mas isso não significa que seja tempo de qualidade.

Observo que meus filhos estão mais independentes e responsáveis porque sabem que não dependem de mim o dia inteiro. Eles aprenderam a usar seu tempo em função de seus próprios interesses e necessidades", garante Laura.

> *O sentimento materno é positivo para o filho se coexiste com os interesses conjugais, sociais, culturais e profissionais da mãe.*
>
> ALFAYA

Ser uma boa mãe não necessariamente implica que as mulheres devam estar centradas exclusivamente nas crianças, de maneira que percam parte de sua própria identidade. Na Inglaterra e Estados Unidos foram realizadas algumas pesquisas que demonstram que a depressão é mais comum entre as mulheres que são mães em tempo integral do que entre as que trabalham fora de casa.

Um recente estudo realizado na Grã-Bretanha afirma que uma comparação entre 100 mil crianças, filhas de mulheres que trabalham fora, com um número similar de crianças pequenas, cujas mães não trabalham fora, demonstrou que as primeiras têm pontuação de leitura mais alta.

Em outra pesquisa realizada nos Estados Unidos determinou-se que as crianças que entram em creches a partir do primeiro mês de nascimento possuem melhor qualidade da fala e habilidades cognitivas mais altas do que as das mães que ficam em casa.

Além disso, foi demonstrado que quando se trata de uma creche adequada e com pessoal preparado, as crianças desenvolvem mais confiança e capacidades sociais do que aquelas que ficam em casa sob o cuidado de sua mãe.

Ser uma boa mãe não significa ter de ficar grudada aos filhos

Embora nos doa aceitar isso como mães, as crianças crescem e crescem bem, mesmo que não estejamos com elas, desde que estejam no lugar adequado e sob o cuidado das pessoas certas.

Beatriz García, terapeuta infantil, explica:

> Durante muito tempo acreditava-se que as mães que permanecem em casa criam crianças mais seguras de si mesmas. Entretanto, isso não é necessariamente certo. De acordo com os estudos feitos neste tópico, a balança inclina-se a favor da mãe que trabalha. Esta tende a formar filhos mais seguros porque não é o tipo de mãe que resolve e faz tudo por eles. Uma criança que não tem sua mãe preocupada com ela 24 horas por dia tem de aprender, por razões naturais, a fazer coisas e não somente se torna mais segura, mas também independente, o que, com o tempo, só lhe trará vantagens.

Na verdade, os tempos de mudança chegaram para as famílias em todo o planeta e as estatísticas mais conservadoras indicam que, durante pelo menos uma parte de seus primeiros quatro anos de vida, três de cada quatro crianças terão uma mãe que trabalhará oito horas diárias, e nove de cada dez bebês ou crianças pequenas terão de passar parte desses anos críticos em uma creche ou com uma pessoa encarregada de cuidar delas.

Esses números nos levam a refletir sobre as consequências emocionais e afetivas que essas crianças sofrem. Entretanto, em entrevista com três adolescentes e um jovem de 23 anos, eles afirmam que se lembram que suas mães sempre trabalharam e reconhecem o quão orgulhosos são de suas mães.

"A única coisa de que eu não gosto é que minha mãe se sente culpada por ter me deixado em uma creche desde os 8 meses", afirma Alfonso Cervantes, de 15 anos.

Letícia Ávalos, de 16 anos, afirma que além do orgulho que sente por sua mãe ser médica e exercer sua profissão com tanta dedicação, aprendeu a cuidar de si mesma.

"Como sei que minha mãe não pode estar comigo o dia inteiro, tive de fazer muitas coisas por minha conta. Às vezes, vejo que as garotas de minha geração são muito incompetentes e muitas têm suas mães ao seu lado o dia inteiro. Não sabem sequer passar uma blusa ou cozinhar um ovo", sustenta.

Naturalmente, falar com jovens cujas mães saíram para trabalhar desde que eram pequenos é muito diferente de fazê-lo com crianças menores de 11 anos, que apesar de aceitarem o fato de suas mães trabalharem fora, reconhecem que gostariam que elas passassem mais tempo em casa. Na avaliação final, entretanto, as mães que não trabalham falam muito bem das crianças cujas mães trabalham, já que reconhecem que elas são mais independentes, organizam melhor seu tempo e, sem dúvida, tornam-se mais responsáveis.

Não julgo se isso é bom ou ruim. Pessoalmente, continuo achando que as crianças precisam que suas mães estejam ao seu lado durante a infância; inclusive eu ainda não quero me separar de Lucía e Daniel. Também não critico as mães que trabalham por necessidade ou por gosto. Simplesmente aponto os resultados de várias pesquisas realizadas a esse respeito e reproduzo o ponto de vista das crianças.

Entre as principais características observadas pelos pesquisadores, destacam-se diversos efeitos pelo fato de a mãe trabalhar. Em primeiro lugar, são modificadas as regras do apego infantil. Ou seja, são quebrados certos laços entre a mãe e a criança, mas com padrões muito diferentes daqueles que nossas mães nos estabeleceram.

Assim, as crianças sabem que sua mãe tem uma vida independente e diferente daquela de dona de casa e mãe em tempo integral. Sem dúvida, o estilo de exercer a maternidade mudou notavelmente.

"Sou profissional independente e me torno muito exigente com o respeito que espero de meus filhos para com o meu horário. Eles sabem que durante certas horas da tarde têm de fazer de conta que não estou porque não posso dar atenção a eles. Quando termina meu horário de trabalho, ponho roupas mais confortáveis e vou revisar as tarefas deles, preparar o banho, preparar o jantar e, claro, brincamos um pouco. Demorou muito para que eu conseguisse impor meus horários de trabalho, mas meus três filhos sabem que se eu não puder trabalhar em casa terei de ir a um escritório e não querem que isso aconteça", relata Maricela Hernández, revisora de uma editora e mãe de três crianças de 7, 9 e 11 anos.

Algumas mães, depois de viver dias de pranto e angústia, viram como suas dúvidas desapareciam ao comprovar que seu filho estava mais disposto e saudável desde que foi colocado na creche.

ANÔNIMO

Ao escutar esses testemunhos de mulheres que têm essa grande capacidade de organização, francamente sinto inveja. Por mais que eu tente fazer com que respeitem meu horário de trabalho, torna-se irresistível a voz de Lucía pedindo-me ajuda para resolver alguma tarefa de Matemática, e não sou capaz de ficar calada diante das exóticas perguntas de Daniel.

Por exemplo, e reproduzo isso aqui porque chamou muito a minha atenção: "Mãe, sabe quantas pessoas de sobrenome López vivem na Cidade do México?". Uma pergunta desse calibre, quase no término da redação do capítulo do livro que eu estava redigindo naquele momento, vale a pena ser respondida, não?

Por mais que eu tente fazer com que meus horários sejam respeitados, reconheço que sou um desastre em matéria de exigências.

Outro resultado observado pelas pesquisas que consultei está relacionado com os padrões sob os quais as crianças crescem. O fato de ter uma mãe que trabalha fora origina um novo conjunto de valores e características que convidam as crianças a encarar novos desafios emocionais, sociais e cognitivos.

Isso acontece porque a criança, ao ir desde pequena à creche ou permanecer sob os cuidados de alguém diferente de sua mãe, muda sua cronologia de desenvolvimento e enfrenta mais cedo atividades que, com uma mãe que não trabalhasse fora, faria anos depois.

De acordo com o doutor Singay Sanger, autor de *La madre que trabaja* (*A mãe que trabalha*), o filho de uma mãe que trabalha é mais sociável, emocionalmente maduro, autossuficiente, intelectualmente inquieto e mais independente do que as crianças de mães que não trabalham. Porém, involuntariamente, as mães que trabalham realizaram algo audaz e ao mesmo tempo muito válido: criaram um novo tipo de criança, que exibe um potencial pouco frequente nos primeiros quatro anos de vida e que possui valores indicativos de que a sociedade do século XXI será mais compreensiva, franca e tolerante.

Dizem sabiamente que os filhos são o reflexo dos pais e que se estes agirem de forma insegura e ressabiada irão gerar os mesmos sentimentos nas crianças. Por isso a maioria dos efeitos perturbadores do trabalho da mãe não é por ser ameaçador para a criança, mas porque as mães que trabalham se sentem profundamente inseguras e culpadas por "estar abandonando" suas pequenas crianças. O mundo externo encarrega-se de reforçar em nós a ideia do trabalho materno como sinônimo de abandono infantil. Não obstante, o fato de se inserir os filhos – por mais novos que sejam – no mundo externo irá beneficiá-los mais do que prejudicá-los.

As crianças cujas mães trabalham podem ser mais habilidosas no jogo com os pais, mais amistosas com os desconhecidos, mais desenvolvidas e aptas a cooperar no grupo, mais dispostas e hábeis para empreender atividades e mais capazes de aproveitar a orientação de outros

---

"Enquanto estive grávida, decidi que continuaria trabalhando. Quando nasceu meu filho Mateo, ele ficou nas mãos de diferentes pessoas às quais se apegou de maneira muito especial. Durante um tempo me senti muito mal porque acreditei que estava diminuindo minha própria importância na vida de meu filho, mas depois entendi que isso era impossível; entre meu filho e eu havia uma relação única e inigualável e o fato de estar em diferentes mãos ajudava-lhe a crescer mais independente", comenta Ester Núnez, mãe de Mateo, de 1 ano.

Eu teria gostado muito se minha mãe tivesse trabalhado, fosse independente de seus filhos, que sua vida não se reduzisse a nós e aos problemas cotidianos da administração do lar. Atrevo-me a afirmar que seria mais feliz com sua vida.

> *O amor paternal está fazendo sua aparição na história dos sentimentos, depois de ter sido perdida sua imagem autoritária.*
>
> Badinter

A doutora Dolores Gold, da Universidade de Concórdia, no Canadá, afirma que em seis índices individuais de conduta social que empregou para sua pesquisa, as crianças cujas mães trabalham obtiveram mais pontos: mostraram ser mais habilidosas no jogo com seus pais, mais amistosas com os desconhecidos, mais desenvolvidas e aptas a cooperar com o grupo, mais dispostas e hábeis para empreender atividades e mais capazes de aproveitar a orientação de outros.

> Gold explica:
>
> A possível principal aptidão social exibida pelos garotos e garotas cujas mães trabalham não se origina do modo como esse trabalho mudou seu estilo de vida, mas do modo como muda a percepção de suas mães e da forma como isso, por sua vez, influencia seus sentimentos para com as pessoas em geral.

Outras vantagens oferecidas pelo fato de a mãe trabalhar é que em muitas ocasiões a criança é beneficiada pela presença do pai. Alguns psiquiatras infantis afirmam que a relação do pai com as crianças nas brincadeiras é muito ampla e constitui uma peça-chave para a formação do processo de apego.

> *Os pesquisadores concordam que o emprego da mãe teve uma influência negativa no vínculo com o filho. Mas isso aconteceu em situações em que a criança precisava de cuidado apropriado, passava mais tempo do que o adequado para sua idade na creche ou passava por mudanças muito frequentes na rotina de atendimento infantil.*
>
> GALINSKY

Atualmente, as mudanças na estrutura familiar e a incorporação da mulher ao trabalho extrafamiliar nos permitem afirmar que foi produzido um aumento do tempo que o pai dedica à criação dos filhos, sobretudo quando a mãe trabalha fora de casa, e, de alguma maneira, ele a substitui quando os filhos são pequenos.

Há uma repercussão positiva, a longo prazo, quando o pai participa ativamente na criação. A importância que é concedida ao envolvimento paterno no desenvolvimento da criança teve resultados muito bons; em vários países do mundo, muitos homens trabalham somente meio período para estar com seus filhos.

As crianças, os pais e a sociedade inteira beneficiam-se da educação das crianças. Estudos realizados em algumas nações industrializadas indicam que, quando os homens participam de trabalhos domésticos, é menos provável que fiquem estressados. Além disso, os homens que mostram um maior grau de afeição quando seus filhos são pequenos estão relacionados a uma menor taxa de divórcios e distanciamento do casal.

As crianças que têm pais afetivos, compreensivos e carinhosos são socialmente mais competentes e persistentes para resolver problemas, bem como autossuficientes. Nesse sentido, Charles Saindom, em seu artigo "Quando o pai se envolve, todos se beneficiam" ("When dad's involved, everyone benefits"), menciona alguns aspectos da paternidade:

1. Como apoio financeiro.
2. Participação na criação.
3. Facilitação no ambiente social.
4. Como um guia para o contexto onde a criança se desenvolve.

O envolvimento, a consistência, dar-se conta do que é importante para a criança e tudo que estiver relacionado com a criação são elementos que permitem à vida de uma família ser mais prazerosa.

Antonia Fernández, educadora e diretora de uma escola de nível pré-escolar há mais de 20 anos, viu passar por ela centenas de crianças cujas mães trabalham e outras centenas cujas mães não trabalham. Sua conclusão, ao longo de todo esse tempo de experiência, é que não há nenhuma diferença significativa entre uns e outros.

"As crianças têm desempenho igual no aspecto acadêmico e emocional. Acho que é importante que a mãe – sempre que seja possível financeiramente – esteja o dia inteiro junto da criança durante seu primeiro ano de vida, já que esse período abrange a etapa na qual a criança pequena começa a compreender que ela e sua mãe são duas pessoas diferentes."

Uma das instituições internacionalmente reconhecidas por seu trabalho em benefício das crianças, o Fundo das Nações Unidas para o Desenvolvimento da Infância (Unicef), explica que a partir dos 3 ou 4 anos de idade é aconselhável todas irem para o jardim de infância. Este cumpre uma função muito importante no desenvolvimento da criança, já que completa a ação educadora da família.

Ao mesmo tempo, as crianças aprendem a compartilhar com outros, conhecer suas possibilidades e limitações, enriquecer sua linguagem e incorporar hábitos, o que é extremamente benéfico para sua vida e seu futuro desempenho na escola. No início, como qualquer ser humano que enfrenta novas situações, o menor sente temor dos adultos desconhecidos, bem como por estar em um lugar estranho. Sente medo do abandono e da solidão. A criança está passando por uma situação nova e difícil em sua vida. Embora, às vezes, os adultos não deem importância, é necessário compreendê-la – quer a criança chore quer não – para poder ajudá-la e acompanhá-la nessa experiência que, em pouco tempo, será muito proveitosa para ela.

> **Os especialistas recomendam fornecer à criança o que se conhece como "objetos de transição", que são as coisas que utilizam para se adaptar à separação**

Em geral, a adaptação é alcançada em um curto período, mas depende muito da forma como os pais consigam transmitir à criança que nada vai acontecer com ela, que ela não corre perigo e que tudo estará bem; e que sejam capazes de compreender seus medos e ajudá-la a superá-los. A criança também dependerá disso para conseguir uma separação feliz da mãe.

As separações são inevitáveis porque é impossível que os pais permaneçam todos os momentos com seus filhos. Sendo assim, mesmo que as separações sejam difíceis para pais e filhos, as crianças que crescem em famílias nas quais ambos os pais trabalham fora de casa mostram menor dificuldade em situações desse tipo porque passaram por elas desde muito cedo. Por isso, as crianças maiores que enfrentam sua primeira separação têm frequentemente mais dificuldade em se adaptar.

"Quando nasceu Daniel, meu filho de 10 anos, eu fiquei em casa com ele até que completasse 3 anos, época em que o inscrevemos na pré-escola. Foi muito difícil a separação. Batalhamos mais de um mês para que ele ficasse na escola sem chorar. Estava muito apegado a mim e acho que isso dificultou a separação. Entretanto, com minha filha Paula, a quem inscrevi na creche desde os 6 meses de idade, foi mais simples. Claro que as crianças de 6 meses dificilmente se dão conta da separação ou sofrem menos por elas, mas hoje vejo muitas diferenças entre meus filhos. Daniel é muito retraído e Paula é brincalhona, sociável e participativa", relata María Méndez, jornalista.

Vamos ajudá-los a evitar a angústia

Por mais que uma criança esteja acostumada a que sua mãe trabalhe todos os dias, o momento da separação diária é doloroso. Muitas mulheres se perguntam o que fazer para evitar o amargo desgosto cotidiano. Especialistas em Psicologia e Pediatria nos oferecem algumas recomendações.

Em primeiro lugar, sugerem não tentar evitar as separações. Aprender e aceitá-las e enfrentá-las faz parte da vida das crianças, sendo que não é muito conveniente que os pais tentem evitar a dor da separação e permaneçam com seus filhos constantemente. Em vez disso, deverão conduzir suas vidas com normalidade e separar-se de seus filhos quando for necessário, mas ao mesmo tempo terão de se certificar de lhes fornecer um cuidado consistente e de qualidade quando estiverem ausentes.

Se desde pequenas as crianças receberem amor, poderão desenvolver uma personalidade sadia. Mas se essa experiência não for de todo satisfatória, o resultado será uma pessoa de extrema vulnerabilidade ou totalmente dependente, cuja única esperança será encontrar alguém que a ame incondicionalmente.

WINNICOT

Se mais alguém ficar responsável pela criança, convém apresentar paulatinamente esta pessoa a ela. É bom que as crianças conheçam quem cuidará delas, antes de deixá-las sozinhas com essas pessoas. Os pais deverão convidar essa pessoa para que brinque com as crianças enquanto eles estão presentes. Naturalmente, os pais devem selecionar adequadamente quem ficará cuidando de seus filhos. Quando a opção é uma creche, é conveniente que os pais a visitem junto com as crianças, percorram-na e falem juntos com o pessoal. A confiança nas pessoas que trabalham com elas é necessária tanto para os pais como para os filhos.

É importante que os pais não mudem constantemente a pessoa que ficará cuidando das crianças. Por exemplo, se saírem com frequência, em vez de deixá-las todo dia com uma pessoa diferente, talvez fosse conveniente falar somente com uma delas e pedir-lhe que se encarregue sempre da criança. Também é importante que as crianças pequenas tenham confiança e estabeleçam amizade com o adulto.

Especialistas recomendam proporcionar à criança o que se conhece como "objetos de transição", que são as coisas que utilizam para se adaptar à separação. Entre esses objetos temos, por exemplo, um urso de pelúcia, uma boneca ou seu cobertor favorito; todos eles oferecem consolo à criança quando se separa de seus entes queridos.

"Tinha de viajar muito por questões de trabalho. Um dia decidi deixar minha filha Ana Paula – de 6 anos – com uma almofada pequena com a qual eu dormia e foi uma excelente solução. A menina sentia que cada vez que eu viajava uma parte de mim dormia com ela", garante Maricruz de la Garza.

É proibido chamar a criança de "chorona", "escandalosa" etc. Nunca se deve ignorar a preocupação que as crianças sentem quando devem se separar de seus pais. Ignorá-las pode provocar mais ansiedade e é possível que as crianças se tornem apreensivas, choronas e com preocupações excessivas. Seus medos são tão válidos como os de qualquer adulto.

Guadalupe Pérez, psicóloga infantil, compartilha o seguinte:

> Algumas separações são inevitáveis, por exemplo, quando a mãe deve ir trabalhar e deixar a criança sob os cuidados de uma outra pessoa. Entretanto, quando estiverem em casa, os pais devem tratar de satisfazer a criança quando ela se queixar de que vão deixá-la sozinha, levando-a com eles quando forem para o outro quarto.

Quando tiver de sair para trabalhar, é importante preparar a criança para que assuma um maior número de responsabilidades – naturalmente, de acordo com sua idade. As crianças que são capazes de fazer coisas por si mesmas poderão se sentir independentes e muito mais seguras.

Outra recomendação é se antecipar, avisando-as de que chegará o momento em que os pais terão de sair para trabalhar, de maneira que tenham tempo para se adaptar à ideia. Quando os pais forem sair para o cinema ou jantar, deverão preparar as crianças para isso. Deverão repetir essa informação periodicamente até terem certeza de que entenderam.

Nunca devemos sair às escondidas "para que a criança não nos veja partindo". Os psicólogos, e acredito que até o senso comum, nos dizem que isso pode prejudicar sua confiança em nós. As crianças que são deixadas dessa maneira serão menos capazes de se distrair em outras atividades no futuro porque nunca saberão se, no momento menos esperado, seus pais terão partido.

Vamos evitar os castigos quando a criança chorar ou manifestar abertamente seu medo da separação

É importante que, ao sair, façamos com que a criança saiba que já vamos. Para isso devem-se utilizar expressões como "tchau, logo nos veremos" e tentar utilizá-las sempre que nos despedirmos, assim a criança aprenderá a associá-las à partida, mas também saberá que logo voltaremos.

Parecem todas coisas básicas, mas para evitar que as crianças sofram pela ausência de sua mãe, existem muitas mulheres que saem escondidas e mentem, e em vez de dizer que vão trabalhar, dizem às crianças que sairão "e voltarão rapidinho".

Aurora Castañeda, psicóloga infantil, recomenda aos pais que se certifiquem de informar aos seus filhos a hora que acham que vão voltar. Deve-se mostrar os ponteiros do relógio ou dizer-lhes que, quando acordarem ou terminarem seus deveres, já estarão de volta.

Como pais, devemos fazer todo o possível para cumprir o que dizemos à criança, e, se não soubermos a hora de voltar, isso deve ser informado também. São as melhores formas de evitar que a criança perca a confiança em nós.

Oferecer consolo a elas é outro mecanismo que, como mães que trabalhamos, podemos fazer uso. Muitas crianças precisam de palavras tranquilizadoras antes e depois das separações. Os pais devem oferecer muito carinho e afeto aos filhos por meio de palavras, abraços e beijos. Muitas crianças, especialmente as mais inseguras, quando devem se separar de seus pais podem acreditar erroneamente que são deixadas nas mãos de outras pessoas porque seus pais são maus, ou porque seus pais simplesmente não querem estar com elas. É importante dizer o quanto as amamos e que logo voltaremos.

A criança entenderá a separação conforme nós a administrarmos.

> *Em muitos casos, a presença dos filhos exige que os homens cumpram sua tradicional função de provedores. Se a isso acrescentamos seu escasso treinamento social para o acompanhamento afetivo, educativo e emocional dos filhos, será gerado um distanciamento entre o homem e a mulher com a qual havia sido iniciado um projeto matrimonial.*
>
> FIGUEROA

Temos de evitar os castigos quando a criança chora ou manifesta abertamente seu medo da separação.

Também se deve evitar todo tipo de zombaria e apelidos que afastem a criança de nós.

De preferência, as partidas terão de ser administradas de maneira casual, ou seja, simplesmente girar e dizer à criança "até logo" ou "já vou". As despedidas que se convertem em momentos tortuosos e de sofrimento devem ser evitadas.

Várias vezes cometi o erro de fazer um melodrama na hora de ir trabalhar. Sentia-me mal em deixar meus filhos a tarde inteira, acompanhados somente de uma pessoa que me ajudava nos afazeres domésticos. Mas as crianças, às vezes, também são muito sábias, e elas mesmas me diziam: "Mãe, vai logo, por favor, você já se despediu quatro vezes da gente".

Mulheres que conciliam trabalho e maternidade; homens que desejam uma paternidade mais participativa; filhos que crescem emocional, intelectual e socialmente sadios embora a mãe se ausente por razões de trabalho são os ingredientes principais da nova realidade da família; e como explica Leach: "As crianças somente terão prioridade na sociedade se os pais as puserem em primeiro lugar em suas vidas sem confiná-las à última posição. Os pais e as mães devem ser capazes de encontrar a forma de ser simultaneamente cidadãos com respeito próprio, capazes, pais carinhosos, mas com seus próprios caminhos, obtidos das soluções oferecidas e apoiadas, porém não prescritas pela sociedade em que vivem".

Perguntas

A comunicação com nossos filhos é um dos principais fatores que definem a relação que desejamos ter com eles.

1. Quando saio para trabalhar e as crianças ficam em casa, como me despeço delas, com angústia ou com confiança no que estou fazendo?
2. Estou suficientemente consciente de que meus filhos são um reflexo de como me sinto diante da combinação maternidade e trabalho fora de casa?
3. Tenho tendência a comparar meus filhos com os de mulheres que trabalham? Eu os superprotejo?
4. Que imagem transmitimos a nossos filhos sobre os papéis da mãe e do pai na família e na sociedade em geral?
5. Sentimos vergonha diante de nossos filhos por desfrutar de outras áreas de nossa vida?
6. Se trabalho fora de casa, acho que estou abandonando minha família e, por isso, estou sendo egoísta?

Bibliografia

ABURDENE, Patricia; Naisbitt, John. *Megatendencias de la Mujer*. 1. ed. Colombia, Editorial Norma, 1993.

BARBOZA de RIART, María Elena. *Los valores: la familia en juego, Aprendamos juntos*, México, n. 4, inverno de 1999.

COLL, Rosa. Dejar de ser madres, *Debate Feminista*, México, n. 6, set. 1992.

CONSEJO NACIONAL DE POBLACIÓN. *El poblamiento de México*, Segob e CONAPO. México, 1993.

CORIAC. *Paternidad equitativa: una propuesta para hombres que desean mejores relaciones con sus hijas e hijos*. 1. ed. México, 1999.

FUENTES, Sonsoles. *Soy madre, trabajo y me siento culpable*. 1. ed. Barcelona: Grilajbo Mondadori, 2000.

GARCÍA, Brígida; OLIVEIRA, Orlandina. *Trabajo femenino y vida familiar en México*, mimeografado. El Colegio de México, 1993.

HERNÁNDEZ, Margarita; RIVA PALACIO, Dolores. *El éxito también es para las mujeres*. 1. ed. México: McGraw Hill, 1995.

LAMAS, María. ¿Madrecita santa? Enrique Florescano (coord.), *Mitos mexicanos*, 1. ed. México: Editorial Taurus, 2001.

LEACH, Penélope. *Los niños primero*. 1. ed. Espanha: Editorial Paidós, 1995.

LIPOVETSKY, G. *La era del vacío*. Barcelona: Editorial Anagrama, 1986.

LÓPEZ de LLERGO, Ana Teresa. *Recursos de la educación familiar para dar sentido a la globalización*. Disponível em http://www.sase.org.

OIBERMAN, Alicia. La relación padre-bebé: una revisión bibliográfica. *Revista del Hospital Materno Infantil Ramón Sardá*, XIII, n. 2, Buenos Aires, Argentina, 1994.

PETERS, Joan K. *When mothers work: loving children without sacrificing ourselves*, Estados Unidos, set. 1998.

PURVES, Libby. *Cómo no ser una familia perfecta*. 1. ed. México: Editorial Paidós, 1996.

SAINDOM, Charles. When dad's envolved, everyone benefits. *Selfhelp & Psychology*, out. 1998. Disponível em http://www.cybertowers.com.

SIRGAY, Sanders; KELLY, John. *La madre que trabaja*. 1. ed. Argentina: Editorial Paidós, 1987.

TOLBERT, Kathryn. *El cuidado infantil: las necesidades de las madres trabajadoras y sus hijos (Child Care: Meeting the needs of working mothers and their children)*, editado por Ann Leonard e Casi Landers e publicado na série de documentos SEDES, patrocinada pela Unicef.